El placer que no fue vencido por la amargura

Lecturas devocionales del libro de Rut, inspiradas en la vida de Noemí

DANIEL PRIETO

El placer que no fue vencido por la amargura

Lecturas devocionales del libro de Rut, inspiradas en la vida de Noemí

1a ed. - : © 2026 Daniel Prieto. 112 p. ; 6x9
Este título también está disponible en formato electrónico.

Publicado por Editorial Tinta y Roble, una extensión de MARDOP INC
mardopinc@gmail.com

Es un recurso pastoral y de discipulado que puede ser adquirido en cantidades para el uso en las comunidades de fe a través de Conexión Pastoral.
www.conexionpastoral.com
info@conexionpastoral.com
WhatsApp: +1 626-250-1170

ISBN 978-1-7342847-9-9

Categoría:
Religión / Vida Cristiana / Crecimiento Espiritual

Para contactar al autor
danielprieto@conexionpastoral.com

Corrección y edición
Patricia García
patri.garcia.tdl@gmail.com

Diseño interior y tapa
Ricardo A. Mugni
losmugni@gmail.com

Índice

· **Dedicatoria:**   05

· **Introducción:**   07
Leyendo Rut, aprendiendo de Noemí

· **Lectura 1:**   09
¿Estaré pasando por este momento amargo
porque tomé la decisión equivocada?

· **Lectura 2:**   17
Los momentos amargos no tienen el poder
de quitarnos de la agenda redentora de Dios

· **Lectura 3:**   25
En los momentos amargos, todos necesitamos
un Belén donde regresar

· **Lectura 4:**   35
No es lo mismo pasar por un momento
amargo que ser una persona amargada

· **Lectura 5:**   41
Descubriendo cuando el momento amargo
está buscando su camino a nuestro corazón

· **Lectura 6:**   49
Ocho conductas que guardan el corazón
de las raíces de amargura

· **Lectura 7:**   67
Booz, el pariente redentor que todos necesitamos
en los momentos amargos

• **Lectura 8:** 89

Noemí, una mentora de vida a pesar de su momento amargo

• **Lectura 9:** 105

Recibiendo lo nuevo de Dios después del momento amargo

Dedicatoria

Dedicado a quienes, aun atravesando desgracias humanas y temporales, decidieron no permitir que la amargura venciera el placer de la gracia divina.

Introducción

Leyendo Rut, aprendiendo de Noemí

No conozco otra manera de vivir cada momento de vida —sea bueno o malo, de éxito o de crisis— sino es a través de las Escrituras, porque como bien dice el salmista: *"Tu palabra es una lámpara a mis pies: es una luz en mi sendero"*. **Salmo 119:105**

Y este pequeño libro que tienes en tus manos nace de uno de esos momentos en los que me refugié en la lectura de las Escrituras, particularmente en el libro de Rut. Me cobijé entre sus páginas para caminar a través de unos de los momentos más difíciles y amargos de mi vida, como seguidor de Jesús y como un ministro de Cristo que ha dedicado toda su vida, literalmente toda su vida, a servirle en el pastorado.

En ese proceso y en esa lectura devocional reflexiva, me encontré con Noemí. Y digo "me encontré" porque, aunque en mis cuatro décadas caminando con el Señor había leído, estudiado y enseñado sobre el libro de Rut, ahora me encontré con una Noemí que me invitaba a caminar con ella en su amarga jornada. Así ella me mostró cómo llegar a la otra orilla de este mar turbulento con mi corazón libre de raíces de amargura y lleno de la dulce gracia de mi Señor Jesucristo.

Entonces decidí aceptar su invitación. Y caminé con Noemí por varios meses. Mientras la seguía podía escuchar los susurros del Espíritu Santo guiándome, confrontándome y enseñándome. Y en ese caminar con Noemí experimenté al Padre corriendo hacia mí para abrazarme porque, aunque venía a buscarlo, el desgaste de lo sucedido me había dejado sin fuerzas para alcanzarlo.

Por eso, aunque para el canon de las Escrituras este es el libro de Rut, para mí, para Daniel, es el libro de Noemí. Así que, si ya estás aquí, te propongo que leas Rut conmigo meditando en la vida de Noemí. Y al reflexionar sobre su vida, puedas reflexionar sobre la tuya, sobre las circunstancias que has atravesado o que estás atravesando, las actitudes que tienes o que has tenido sobre tu llamado, y qué vas a hacer con ello.

Para mí fue tremendamente sanador descubrir a Noemí atravesar el momento más amargo de su vida sin permitir que eso la transformara en una persona amargada. Pero, por sobre todo, descubrir en Noemí a un Dios, mi Señor y Salvador Jesucristo, que no se dio por vencido con Noemí y que nunca se da por vencido conmigo. Él siempre encuentra la manera de regresarme a sus planes redentores, en mi vida y a través de mi vida, cuando mi corazón, aunque lastimado, todavía sigue disponible para él. Y estoy seguro de que contigo tampoco se da por vencido y sigue y seguirá insistiendo.

Por eso te invito a que transitemos juntos con Noemí en esta etapa del camino y dejemos que Dios haga en nosotros lo que solo él, con su amor incansable, puede hacer por nosotros: amarnos con amor redentor.

Daniel Prieto

Lectura 1

¿Estaré pasando por este momento amargo porque tomé la decisión equivocada?

> En los días en que los jueces gobernaban Israel, un hambre severa azotó la tierra. Por eso, un hombre de Belén de Judá dejó su casa y se fue a vivir a la tierra de Moab, junto con su esposa y sus dos hijos. El hombre se llamaba Elimelec, y el nombre de su esposa era Noemí. Sus dos hijos se llamaban Mahlón y Quelión. Eran efrateos de Belén, en la tierra de Judá. Así que cuando llegaron a Moab se establecieron allí. Tiempo después murió Elimelec, y Noemí quedó sola con sus dos hijos. Ellos se casaron con mujeres moabitas. Uno se casó con una mujer llamada Orfa y el otro con una mujer llamada Rut. Pero unos diez años después murieron tanto Mahlón como Quelión. Entonces, Noemí quedó sola, sin sus dos hijos y sin su esposo.
> **Rut 1:1-5 NTV**

Varias veces en mi vida me he replanteado si tomé la decisión correcta. Particularmente, en esos momentos en que las cosas no estaban saliendo como esperaba. Porque esos momentos amargos y difíciles confrontan nuestra teología, nuestros deseos, nuestra fe y definitivamente nuestras expectativas en cuanto a lo que esperamos de los demás e, incluso, de Dios.

Sí es cierto que el libro de Rut comienza con una decisión que ha sido debatida por teólogos a lo largo de los siglos. Elimélec y su esposa Noemí, enfrentados con una hambruna en Belén, deciden emigrar a Moab buscando una vida mejor.

Esta decisión plantea varias preguntas: ¿Fue un error alejarse de la tierra prometida? ¿Fue un acto de desobediencia a las instrucciones mosaicas o simplemente una respuesta práctica a una necesidad urgente? ¿La muerte de Elimélec y sus hijos fue la consecuencia de irse a Moab?

Los estudiosos bíblicos ofrecen diversas interpretaciones. Algunos sostienen que la decisión de Elimélec fue un acto de falta de fe, una huida del lugar donde Dios había prometido bendecir a su pueblo (Deuteronomio 11:13-17). Argumentan que la migración a Moab, un territorio con una historia de enemistad con Israel (Deuteronomio 23:3-6), fue una violación de las leyes mosaicas y, por tanto, un pecado. Otros, sin embargo, ven en esta decisión una respuesta comprensible a una situación de extrema necesidad. La hambruna en Belén era real, y Moab ofrecía una posibilidad de supervivencia. Según esta perspectiva, la decisión de Elimélec y Noemí no fue necesariamente un acto de desobediencia, sino una elección difícil en tiempos difíciles.

Lo que hace la diferencia no es solo la decisión, sino el corazón con el que enfrentamos las consecuencias o circunstancias que conllevan nuestras decisiones.

Sea que haya sido una falta de fe o la única salida posible —una necedad o una necesidad—, lo que realmente nos desafía en los momentos amargos es cómo respondemos cuando nuestras decisiones nos llevan a lugares de dolor. Y ahí fue donde comencé a aprender de Noemí, porque sentía que me decía: *Daniel, lo que hace la diferencia no es solo la decisión, sino el corazón con el que enfrentamos las consecuencias o circunstancias que conllevan nuestras decisiones.*

---

[1]Aunque algunas versiones bíblicas, como la Nueva Traducción Viviente, traduce Elimelec sin tilde, he decidido usar la grafía Elimélec pues respeta mejor la acentuación hebrea y es la forma usada por la BTX y varias versiones modernas.

Muchas veces nuestras decisiones nacen de la crisis, no de la comodidad

Elimélec y Noemí no salieron de Belén por capricho, sino porque no había pan. Belén significa "casa de pan", y no había pan en la casa. Es irónico, pero real. A veces nuestras decisiones no nacen de la abundancia, sino de la necesidad. Cuando hay hambre, cuando hay crisis, tomamos decisiones con la esperanza de sobrevivir.

¿Cuántos de nosotros hemos tomado decisiones movidos más por la urgencia que por la fe? No siempre decidimos porque queremos, muchas veces decidimos porque sentimos que no hay otra salida. Esas decisiones pueden llevarnos a lugares como Moab, lugares incómodos, incluso prohibidos. Pero aquí está la esperanza que nos aferra a la gracia de Dios, que

Dios todavía puede y quiere obrar en medio de lo imperfecto de nuestras vidas y de nuestras circunstancias.

él todavía puede y quiere obrar en medio de lo imperfecto de nuestras vidas y de nuestras circunstancias.

Lo que define nuestro futuro no es la perfección de las propias decisiones, sino la disposición del corazón

Aquí está la clave: no es tanto lo que decidiste, sino cómo tu corazón responde después. La Biblia nos da un contraste poderoso. Saúl tomó decisiones equivocadas, pero siempre tenía una excusa. Cuando Samuel lo confrontó, dijo:"No fue mi culpa, fue tu culpa y del pueblo". Nunca reconoció su error, siempre buscó justificarse. Pero David, en cambio, aunque también falló —y de manera grave—, tuvo un corazón quebrantado y dispuesto al arrepentimiento. Cuando el profeta lo confrontó, él dijo: *"Pequé contra el Señor"*. No buscó excusas y abrió su corazón para la restauración.

La mujer samaritana había tomado malas decisiones en su vida matrimonial, había pasado de relación en relación. Pero cuando Jesús la encontró en el pozo, descubrió que había algo en su corazón que todavía buscaba: quería adorar. Y es a esa mujer, llena de malas decisiones, que Jesús le reveló que *"el Padre busca adoradores que le adoren en espíritu y en verdad"*.

Lo que marca la diferencia no son las decisiones que tomamos en el pasado, sino la disposición que tenemos hoy en nuestro corazón. Dios no busca perfección en nuestro historial, busca disposición en nuestro corazón.

> *Dios no busca perfección en nuestro historial, busca disposición en nuestro corazón.*

Esa es la buena noticia: tus errores no pueden detener la gracia de Dios. *Nuestras decisiones no son más poderosas para definir nuestra vida que la gracia de Dios.* Lo que para ti fue una decisión equivocada, para Dios puede ser el terreno donde siembre algo nuevo. La condición es que haya un corazón disponible. Cuando tu corazón se rinde a él, aun en Moab, aun en el momento amargo, su gracia empieza a escribir redentivamente la siguiente etapa de tu historia. Porque, así como Dios en su gracia tuvo un plan redentor con Noemí, con David y con la mujer samaritana, también lo tiene contigo y conmigo hoy.

Ocho verdades que tomar en cuenta cuando estamos atravesando un momento amargo

Quiero invitarte a reflexionar sobre las siguientes verdades que te llevarán a través de las aguas turbulentas de la vida y el ministerio, como una luz que te aferra a la gracia de Dios, a ese puerto seguro donde tu historia tiene un final que honra y le da la gloria a Dios.

Primero, los momentos amargos no tienen el poder de quitarnos de la agenda redentora de Dios. Incluso en los momentos más oscuros, el propósito redentor de Dios prevalece. La historia de Noemí muestra que Dios sigue trabajando, incluso cuando todo parece perdido.

Segundo, en los momentos amargos todos necesitamos un Belén donde regresar. ¡Qué importante es tener una comunidad segura donde regresar cuando todo sale mal! Ese "Belén" que es casa, un lugar de restauración y esperanza, es esa comunidad sanadora donde podemos ser auténticos y vulnerables sin miedo a ser condenados por lo que estamos viviendo. Noemí regresó a Belén donde tenía la oportunidad de renovar su esperanza, a pesar de la amargura con la que estaba regresando.

Tercero, no es lo mismo pasar por un momento amargo que ser una persona amargada. Noemí atravesó una gran amargura, pero no dejó que eso se transformara en raíces de amargura en su corazón ni definiera su identidad. Hay una gran diferencia entre experimentar amargura y vivir en ella.

> **Incluso en los momentos más oscuros, el propósito redentor de Dios prevalece.**

Cuarto, hay comportamientos que son indicadores de que el momento amargo nos está transformando en una persona amargada. Debemos identificar esas actitudes y conductas para pelear contra esa amargura que se nos quiere meter en el alma.

Quinto, debemos reconocer y practicar intencionalmente las virtudes que guardan el corazón de las raíces de amargura. Ellas nos ayudan a vivir en libertad y esperanza en el camino de la vida, aferrándonos al plan redentor de Dios.

Sexto, en los momentos amargos todos necesitamos un pariente redentor que nos abrace en la gracia de Dios. Nosotros también podemos ser ese pariente redentor para otros, que actúa con gracia y misericordia, reflejando el amor redentor de Dios.

Séptimo, incluso en nuestros momentos amargos todos seguimos influenciando a quienes nos siguen o están a nuestro lado. Y debemos ser responsables de ser buenos mayordomos de esas relaciones a pesar de nuestras propias luchas, mostrándoles cómo vivir la gracia y el amor redentor de Dios en los tiempos difíciles.

Octavo, en los momentos amargos hay personas a nuestro lado que son un mimo de Dios en medio del luto y el dolor, y que nos aferran a la victoria y el destino redentor de Dios. Son esas personas que tienen un compromiso con nosotros y son fieles compañeras del camino a través de todo lo que estamos viviendo.

Y finalmente, los momentos amargos son temporadas que se cierran cuando decidimos abrazar lo nuevo de Dios en nuestras vidas. Noemí no cerró su momento amargo cuando regresó a Belén, sino cuando permitió que lo nuevo de Dios —representado en el niño— encontrara un lugar en sus brazos. Así también nosotros: permitimos que las temporadas amargas se desvanezcan cuando dejamos de aferrarnos a lo que perdimos y comenzamos a abrazar lo que Dios está gestando en sus propósitos redentores.

> *Los momentos amargos son inevitables, pero nunca, nunca, deben definirme como persona, porque a través de la gracia y el amor redentor del Padre, siempre encuentro mi verdadera identidad como su hijo.*

Cada una de estas verdades son las lecciones que Noemí me enseñó mientras caminé con ella leyendo Rut. Verdades que me recordaron, y que me recuerdan cada vez que las vuelvo a leer y reflexionar en ellas, que los momentos amargos son inevitables, pero nunca, nunca, deben definirme como persona, porque a través de la gracia y el amor redentor del Padre, siempre encuentro mi verdadera identidad como su hijo.

Me alegra que tengas este libro en tus manos y que podamos juntos aprender de Noemí mientras leemos Rut, siendo guiados por la Palabra y ministrados por el Espíritu Santo.

Es mi deseo que la historia de Noemí inspire tu vida y te fortalezca en los momentos difíciles. Nunca te olvides que el Padre Celestial nos ama y su generosidad es grande para con sus hijos. Anhelo que puedas siempre darle gracias, porque incluso cuando nuestras decisiones no salen como esperamos y nos encontramos en momentos amargos —como Noemí—, *podemos acercarnos "con toda confianza al trono de la gracia de nuestro Dios. Allí recibiremos su misericordia y encontraremos la gracia que nos ayudará cuando más la necesitemos"* **(Hebreos 4:16 NTV).**

Oremos juntos conforme a Isaías 55:

¡Señor, vengo a ti!
¡Vengo a tus aguas
porque tengo sed!
¡Vengo a comprar y a comer
sin dinero espiritual ni emocional!
Vengo a comprar de tu vino nuevo
sin tener cómo pagarte.
Porque ya no quiero gastar mi vida
en lo que no satisface.

¡Señor, me dices!
Escúchame bien, comerás lo que es bueno
y te deleitarás con manjares deliciosos.
Presta atención y ven a mí,
escúchame y vivirás.
Harás conmigo un pacto eterno,
conforme a tu inquebrantable amor
por Cristo, mi Señor.
A quien lo has puesto como testigo para los pueblos,
como tu gobernante supremo.
Sin duda convocarás a naciones que no conocías
y naciones que no te conocían correrán hacia ti,
gracias al SEÑOR tu Dios,
el Santo de Israel,
que te ha colmado de honor.

¡Señor, te busco!

Porque te dejas encontrar,
te llamo porque estás cercano.
Abandono mis caminos malvados
y pensamientos perversos.
Y me vuelvo a ti, SEÑOR, mi Dios,
porque eres generoso para perdonar
y de ti recibiré compasión.
Porque tus pensamientos y tus caminos
no son los míos.
Hoy confieso y creo que
tus caminos y tus pensamientos
son más altos que los míos;
¡Así como los cielos
son más altos que la tierra!
Así como la lluvia y la nieve
descienden del cielo,
y no vuelven allá sin regar antes la tierra
y hacerla fecundar y germinar
para que dé semilla al que siembra
y pan al que come,
así es también la palabra
que sale de tu boca:
No volverá a ti vacía,
sino que hará lo que tú deseas
y cumplirá tus propósitos en mí.

¡Señor, me das esperanza!

Porque saldré con alegría
y seré guiado en paz.
A mi paso, las montañas y las colinas
prorrumpirán en gritos de júbilo
y aplaudirán todos los árboles del bosque.
Y en mi vida, desde ahora,
en vez de zarzas, crecerán cipreses;
mirtos, en lugar de ortigas.
Esto te dará renombre a ti SEÑOR;
Y será una señal
que durará para siempre.

¡AMÉN!

Lectura 2

Los momentos amargos no tienen el poder de quitarnos de la agenda redentora de Dios

*Así que Booz llevó a Rut a su casa y la hizo su esposa. Cuando se acostó con ella, el SEÑOR permitió que quedara embarazada y diera a luz un hijo. Entonces las mujeres del pueblo le dijeron a Noemí: «¡Alabado sea el SEÑOR, que te ha dado ahora un redentor para tu familia! Que este niño sea famoso en Israel. Que él restaure tu juventud y te cuide en tu vejez. ¡Pues es el hijo de tu nuera que te ama y que te ha tratado mejor que siete hijos!». Entonces Noemí tomó al niño, lo abrazó contra su pecho y cuidó de él como si fuera su propio hijo. Las vecinas decían: «¡Por fin ahora Noemí tiene nuevamente un hijo!». Y le pusieron por nombre Obed. Él llegó a ser el padre de Isaí y abuelo de David. **Rut 4:13-17***

Rut es el libro que está inmediatamente después de Jueces y tiene como propósito principal mostrar la línea genealógica del rey David. Rut es el personaje central, porque el libro lleva su nombre y porque es la bisabuela del rey David; sin embargo, en estos meses de estar leyendo Rut y escuchando al Padre Celestial, Noemí atrapó mi atención. Y es a través de ella que el Espíritu Santo me ha estado hablando sobre cómo estoy procesando los tiempos difíciles y amargos en mi vida.

Bueno, creo que ya te conté algo de esto anteriormente, solo necesitaba recordártelo. Sigamos.

El relato sagrado comienza narrándonos la historia de Elimélec, quien junto con su esposa Noemí decidió emigrar a la tierra de Moab buscando un mejor futuro para su familia. Y allí se quedaron a vivir. Parece que, al poco tiempo de establecerse en este nuevo lugar, él murió, y diez años más tarde también murieron sus dos hijos. Así que "Noemí quedó sola, sin sus dos hijos y sin su esposo".

Entonces la narrativa bíblica pronto se enfoca en la persona de Noemí, que encontrándose sola junto a sus dos nueras, también viudas como ella, resolvió volver a su pueblo porque "se enteró de que el SEÑOR había bendecido a su pueblo en Judá al volver a darle buenas cosechas".

Así que, aquí está Noemí, regresando a su pueblo después de una década o más, derrotada, quizá con un sentido de fracaso, con el peso de un luto lleno de preguntas sin respuestas, de la pérdida de seres queridos que ya no están y de sueños que se volvieron una pesadilla.

Y nos encontramos con Noemí, que regresa a su pueblo derrotada, cargando el peso de los sueños que se volvieron una pesadilla.

A los hijos de Dios, a los que sirven a Dios, también les va mal

Ahora, como ministro, como esposo, como padre de familia que ha criado cuatro hijas, he tomado muchísimas decisiones a lo largo de más de treinta y cinco años de matrimonio y de ministerio. ¡Y vaya que han sido decisiones radicales y transcendentales para mi vida y para mi familia! Decisiones que nos han llevado a mudarnos varias veces, a transicionar en asignaciones ministeriales. De pastor local a líder nacional y a director del programa hispano en la universidad, hasta dejar todo lo anterior para priorizar el liderazgo de Conexión Pastoral. Decisiones que nos llevaron a cambiarnos tres veces de país, cuatro veces de estado y varias veces de ciudad. Y si bien es verdad que siempre tuve la convicción de que Dios nos estaba dirigiendo, como Noemí y su esposo tomaron la decisión de salir de Belén para ir a Moab buscando una mejor vida, yo he tomado muchas decisiones en mi vida buscando vivir la mejor vida de Dios para mí y para mi familia.

Todos tomamos decisiones buscando lo mejor, creyendo que lo que viene para nosotros es lo correcto, buscando ese algo mejor para nuestras familias. Noemí y su esposo decidieron ir a vivir a Moab y fueron los peores diez años de la vida de Noemí. Se quedó viuda en una sociedad donde no tener esposo y no tener hijos varones era ser nadie. No importaba que tuvieras tierras y casa y que todo el mundo te conociera, carecías de valor como mujer si no tenías esposo o hijos varones.

Noemí y su marido emigraron llenos de ilusiones a la tierra de Moab, en busca de un mejor futuro para la familia. Pero todo salió mal. Los acontecimientos estaban fuera de control. Y yo sentía que Dios me decía: Daniel, a los hijos de Dios, a los que me sirven, también les va mal. También sufren desgracias y pasan por momentos amargos. Es parte de vivir en una realidad, en una sociedad, en un mundo que todavía no ha alcanzado mi redención completa.

Es que, al igual que el escritor de Eclesiastés, *"me volví y vi debajo del sol, que ni es de los ligeros la carrera, ni la guerra de los fuertes, ni aun de los sabios el pan, ni de los prudentes las riquezas, ni de los elocuentes el favor; sino que tiempo y ocasión acontecen a todos. Porque el hombre tampoco conoce su tiempo; como los peces que son presos en la mala red, y como las aves que se enredan en lazo, así son enlazados los hijos de los hombres en el tiempo malo, cuando cae de repente sobre ellos"* **(Eclesiastés 9:11-12).**

> **A los hijos de Dios también les va mal. También sufren desgracias y pasan por momentos amargos.**

Será que nos enseñaron a leer que a los que aman a Dios todas las cosas le saldrán bien, cuando en realidad el texto bíblico dice que a los que aman a Dios todas las cosas son para su bien. Son dos verdades muy distintas.

Pero hoy nos apabullan con las luces del éxito y de la prosperidad en el ministerio, tanto que llegamos a creer que nunca nos va a ir mal como hijos de Dios y como ministros de Jesucristo. Y cuando nos va mal, ah, entonces nos sentimos acusados, culpables, fracasados, porque el que nos vaya mal es sinónimo de que le fallamos a Dios y le fallamos a la iglesia. Es la triste realidad de una iglesia que sigue aumentando el número de ministros y creyentes abrumados por la depresión y la ansiedad, simplemente porque se siente más atraída por las palmaditas en el hombro de las multitudes en las luces de la popularidad que por el toque suave y esperanzador de la vara y el cayado del buen pastor que nos dan aliento en el valle de sobra y de muerte.

No se trata de una teología fatalista, si no de una verdad bíblica, que no tiene nada que ver con esa teología motivacional que tanto mal nos hace al hacernos creer que todo saldrá bien, cuando la realidad es que existe la probabilidad de que las cosas no salgan como las hemos pensado y planeado. Pero si bien también a nosotros, los hijos de Dios, nos va mal, nos ocurren desgracias y pasamos por momentos amargos como todos los demás, lo que es aún más cierto, y sentía que Dios me lo recalcaba, es que esos momentos difíciles que pueden romperme en mil pedazos, no tienen el poder de quitarme de la agenda redentora de Dios para mi vida y a través de mi vida.

Entonces escucho la voz de Jesús que llega a mí como la brisa suave que le susurra a los oídos de mi alma: "¡Anímate! Yo he vencido al mundo".

Son esos los momentos en que la voz de Jesús atraviesa el tiempo y el espacio y llega a mí como la brisa suave que le susurra a los oídos de mi alma: *"en este mundo afrontarás aflicciones, pero ¡anímate! Yo he vencido al mundo" (Juan 16:3 3, NVI).* Uff, y entonces me lleno de las fuerzas que necesito para seguir adelante.

Es que los momentos más amargos no pueden quitarnos de la genealogía redentora del Salvador.

Si te contara los momentos que hemos tenido que pasar con Mónica en estos años, no lo creerías. ¡Cuántas veces pensé que ese momento amargo era el final de mi familia o de mi ministerio! Pero caminando con Noemí, el Señor me decía: Daniel, el final del momento más amargo que estás pasando es que te vuelvo a ubicar, te vuelvo a sintonizar, te vuelvo a poner en el lugar donde tenés que estar en mi plan redentor. Eso sí, si no permites que esto que estás viviendo se transforme en raíces de amargura en tu alma. Si tu decisión te llevó a Moab, yo te traigo de vuelta a Belén, y en Belén te vuelvo a ubicar en mi plan redentor, en mi genealogía redentora en tu vida y a través de tu vida.

He visto una y otra vez cómo algunos momentos y algunas crisis parecieran decirme aquí se acabó todo. Y Dios siempre tiene esa gracia, esos movimientos en mi vida que solo vienen de él, diciéndome aquí no se acabó nada. Y me vuelve a ubicar en su agenda redentora.

> *Y Dios siempre tiene esa gracia, esos movimientos en mi vida que solo vienen de él, diciéndome aquí no se acabó nada.*

Por eso me hace tan bien leer una y otra vez el final de redención y esperanza del momento más amargo de la vida de Noemí. Un final profético, que también lo es para ti y lo es para mí. Porque no importa lo amargo del momento que estemos atravesando, los mismos que un día nos escucharon decir: *"No me llamen Noemí, más bien llámenme, Mara, porque el Todopoderoso me ha hecho la vida muy amarga"*, un día nos verán abrazar nuestra restauración y dirán: *«¡Alabado sea el SEÑOR, que te ha dado ahora un redentor para tu familia!»*

Dios en su gracia siempre tiene un plan redentor en marcha

La historia de Noemí en el libro de Rut revela una verdad profunda sobre la gracia de Dios. A pesar de las circunstancias y decisiones humanas, Dios en su gracia misericordiosa siempre ofrece nuevas oportunidades. Noemí regresó a Belén en un momento de amargura, pero su historia no termina en desolación. Dios tenía un plan redentor en marcha para su vida y a través de su vida. Al igual que lo tiene contigo y conmigo. No importa cuán desolado se vea el panorama en tu vida, en tu familia, en tu ministerio, ni qué tan amargo sea el momento que estás atravesando, Dios tiene un plan redentor en marcha.

Noemí salió llena y volvió vacía. Pero su historia no terminó ahí. En medio de su amargura, Dios comenzó a escribir una historia de redención que alcanzó no solo a Noemí y a Rut, sino a toda la genealogía que culmina en Jesús.

Por eso escojo creer que si tenés este libro en tus manos es porque Dios en su gracia nos ha unido para caminar y aprender juntos de Noemí. Es mi anhelo que al leer esta carta de amor del Padre Celestial aprendamos juntos a vivir a través de nuestro momento más amargo, albergando la esperanza de que ese momento no tiene la capacidad de quitarnos del plan redentor de Dios. Porque, al final de esas temporadas amargas, será escrito en nuestras historias de vida que el Señor nos ha provisto redentor, nos ha restaurado en su genealogía redentora nuevamente, obrando a través de nuestras vidas a favor de otros, aún más allá de nuestra generación.

Al final de esas temporadas amargas, será escrito en nuestras historias de vida que el Señor nos ha provisto redentor, obrando a través de nuestras vidas a favor de otros.

Si de alguna manera el enemigo ha sembrado mentiras en nuestras mentes, convenciéndonos de que todo ha terminado y que ya no hay lugar para nosotros en su plan redentor, espero que la historia de Noemí te ayude a confiar en la gracia redentora de Dios y a vivir con esperanza, sabiendo que él siempre tiene un plan para tu vida que es superior a tus propios planes. Y que te ayude a descubrir cómo, cuando mantienes tu corazón conforme al de Dios, su gracia nos vuelve a situar en su plan redentor. Oro para que el Espíritu Santo te convenza de nuevo, que sintonice tu corazón con el corazón del Padre y que puedas creer que vendrá el día en que alguien cantará sobre tu vida, tu familia y tu ministerio alabándo y diciendo que Dios te ha dado un hijo redentor.

Oremos juntos conforme a Romanos 8:35-39

¿Quién me separará de tu amor, Cristo?
¿Tribulación, angustia, persecución,
hambre, desnudez,
peligro o espada?

Antes, en todas estas cosas
soy más que vencedor
por medio de ti que me amaste.

Por lo cual estoy seguro de que
ni la muerte ni la vida,
ni ángeles, principados ni potestades,
ni lo presente ni lo por venir,
ni lo alto ni lo profundo,
ni ninguna otra cosa creada
me podrá separar de tu amor, Dios,
que es en Cristo Jesús, mi Señor.

¡AMEN!

Lectura 3

En los momentos amargos, todos necesitamos un Belén donde regresar

> *Entonces las dos mujeres siguieron caminando hasta llegar a Belén ... y llegaron a Belén al comienzo de la siega de la cebada.* **Rut 1:19, 22 (NVI)**

Lo segundo que el Señor me habló mientras caminaba con Noemí es que, en los tiempos amargos, todos nosotros necesitamos un Belén donde regresar.

¿Por qué un Belén donde regresar? Porque los momentos difíciles generalmente nos encuentran en esos espacios inseguros, sean geográficos, relacionales o espirituales. Y Belén representa ese lugar seguro, esa comunidad segura donde podemos atravesar el tiempo difícil acompañados por quienes nos aman.

Todos necesitamos ese lugar seguro, esa comunidad segura donde podemos atravesar el tiempo difícil acompañados por quienes nos aman.

Entonces, ¿qué es Belén?

Belén es el lugar donde podemos decir lo que sentimos y cómo nos sentimos sin ser juzgados o condenados

> *Anduvieron, pues, ellas dos hasta que llegaron a Belén; y aconteció que, habiendo entrado en Belén, toda la ciudad se conmovió por causa de ellas, y decían: ¿No es esta Noemí? Y ella les respondía: No me llaméis Noemí, sino llamadme Mara; porque en grande amargura me ha puesto el Todopoderoso. Yo me fui llena, pero Jehová me ha vuelto con las manos vacías. ¿Por qué me llamaréis Noemí, ya que Jehová ha dado testimonio contra mí, y el Todopoderoso me ha afligido?* **Rut 1:19-21 (RVR 1960)**

Las mujeres cuando vieron llegar a Noemí y comenzaron a preguntar si la misma Noemí que se fue es la que estaba regresando, ella respondió honestamente y sin ocultar nada de cómo se sentía; les pidió que ya no la consideraran una persona alegre sino amarga porque Dios le había colmado la vida de amargura, la había dejado sin nada, la había afligido y la había hecho una mujer desdichada.

Quizá este desahogo con declaraciones tan fuertes, dicho fuera de tu Belén, se podría transformar en materia prima para chismosos y prejuiciosos que en el cuestionamiento de todo lo que te escuchan decir te juzgan y condenan sin piedad. "¿Cómo va a decir algo así?", susurrarán algunos entre dientes. "¿En qué clase de persona se ha transformado?", responden otros en voz baja para que no los escuches.

El momento amargo fuera de Belén es uno de los lugares relaciones más inseguros, donde se escandalizan de nosotros cuando somos vulnerables y revelamos lo que sentimos en nuestro corazón. Es ese lugar donde no tenemos el permiso emocional de mostrar un poquito de la procesión que llevamos por dentro. Son esos espacios relaciones donde nunca falta el que quiere ministrarte porque asumen que eres un enfermo y resentido, o el que quiere enseñarte porque cree que eres un ignorante, o incluso el que quiere sacarte algún demonio porque considera que estás atormentado por el enemigo. O el que, parado desde su burbuja y ego existencial, te señala argumentando que fue tu culpa por la decisión que tomaste.

Es difícil procesar nuestros momentos amargos cuando no tenemos la oportunidad de sacar de nuestro sistema ese dolor que estamos sintiendo y que de alguna manera nos gangrena el alma. Es ese dolor que se queda adentro porque no lo podemos supurar y que nos va matando emocional, espiritualmente y existencialmente.

Me quebré el tobillo derecho hace ya algunos años. Vivíamos en Colorado Springs. Era en un noviembre frío y nevado. Y Paula, una de mis hijas, me pidió que la vaya a buscar a la casa de un músico amigo. La casa estaba en la montaña y, cuando regresé al auto para buscar mi computadora, resbalé sobre hielo negro; al caer, el pie derecho se me trabó y me destruí el tobillo. El pie se subió rompiendo la cúpula que lo une a la tibia, quebrando la tibia en tres partes, y terminó girado cuarenta y cinco grados hacia mi derecha. Así que me llevaron a emergencias. Allí los médicos regresaron el pie a su posición y me vendaron tan apretado que no le dieron la oportunidad a la herida para respirar. Como era el miércoles antes de Acción de Gracias, me enviaron a casa y me dieron una cita para que vaya a ver al cirujano el lunes siguiente.

Cuando el cirujano quitó la venda para ver mi tobillo, se encontró con mi tobillo lleno con llagas de sangre, y me dijo que no podía operar porque me habían vendado de tal manera que la herida no pudo supurar. Si él me operaba en esas condiciones, entonces corría el riesgo de que perdiera mi pie porque la herida tenía un alto grado de probabilidades de gangrenarse.

Así que, por dos semanas, día por medio, fui al consultorio del cirujano para que limpiara la zona afectada, removiendo la piel muerta y monitoreando que la herida estuviera supurando correctamente. Intentar operar mi tobillo cuando la herida no había supurado, cuando todavía estaba en esa condición era destinarme a que me tuvieran que amputar el pie. Y no fue sino hasta dos semanas más tarde que finalmente la herida estuvo limpia y el cirujano operó e hizo el trabajo que tenía que hacer. Hoy camino normalmente y nadie se daría cuenta de la quebradura que sufrí si no lo cuento.

Bueno, Belén es ese lugar relacional seguro donde podemos decir lo que estamos sintiendo en el alma, lo que nos está pasando, sin que los que están alrededor nuestro intenten operar una quebradura cuando la herida todavía está supurando. Porque entonces sería destinar ese corazón a la gangrena de las raíces de amargura. Belén es ese lugar donde podemos verbalizar lo que nos está pasando sin que todo el mundo quiera operarnos o darnos sus soluciones.

Entonces pienso en aquellos que se rompen en mil pedazos y les vendan —o se venden ellos solos— sus heridas del alma de manera asfixiante, para seguir aguantando un día más, una semana más, un año más. Y ¿por qué? Porque no tienen ese Belén donde puedan decir lo que sienten, donde puedan expresar su dolor.

Belén es el lugar donde están aquellos que son para nosotros lo que fueron aquellas mujeres para Noemí, escuchándola sin juzgarla. Dándole el permiso de abrir su corazón y expresar cómo se sentía en su momento más difícil.

> *Belén es ese lugar donde podemos verbalizar lo que nos está pasando sin que todo el mundo quiera darnos sus soluciones.*

Todos necesitamos un Belén en tiempos amargos, donde supurar las heridas del alma sin sentirnos condenados o juzgados. Libres para sacar lo que se tiene que sacar y que no se tiene que quedar en el alma.

Belén es donde todos los que son nuestra comunidad inmediata se transforman en nuestra comunidad de contención

Belén es ese lugar donde necesitamos ir cuando estamos en momentos amargos porque ahí podemos ser nosotros mismos, expresar cómo nos sentimos sin temor a que nos juzguen. Pero hay más, pues Belén es también nuestra comunidad de contención. Es decir, es el lugar donde están las personas que son usadas por Dios para volvernos a poner en su plan redentor para nuestra vida. Es donde están aquellos que Dios va a usar para enderezar nuestros pasos.

En Belén están los obreros que dejaron a Rut recoger espigas. Allí en Belén está Booz, que decidió usar su negocio para bendecirla y proveerle, y que también eligió ser pariente redentor para ellas. Es en Belén donde están los ancianos que profetizaron sobre Noemí.

Y donde también estuvieron las mujeres que supieron escucharla sin condenarla, las mismas mujeres que al final de la historia celebraron a Noemí con palabras de bendición y profetizaron sobre ella.

> *Belén es también nuestro lugar de contención, donde personas usadas por Dios nos guiarán a enderezar nuestros pasos.*

Mientras más leo el libro de Rut y más me detengo a reflexionar, a pensar, a observar cómo Noemí navegó el momento más amargo de su vida, me sigue sorprendiendo ver cómo todo un pueblo se transformó en una comunidad de contención usada por Dios para abrazar a Noemí, siendo instrumentos de Dios para redimirla en su momento más amargo.

¡Cuánto necesitamos tener quienes nos acompañen cuando nos sentimos solos!

Es lo que hizo Rut con Noemí. Cuando Noemí solo veía soledad, Rut se quedó para llenarla con su presencia: *"Pero Rut le respondió: —No insistas en que te abandone o en que me separe de ti. A donde tú vayas, iré yo; donde tú vivas, viviré. Tu pueblo será mi pueblo, y tu Dios será mi Dios."* **Rut 1:16 (NTV)**

¡Cuánto necesitamos quien nos escuche cuando precisamos contar el dolor que estamos sintiendo!

Es lo que hicieron las mujeres de Belén con Noemí como un eco de compasión después de un largo silencio: *"Apenas llegaron, hubo gran conmoción en todo el pueblo a causa de ellas. —¿No es esta Noemí? —se preguntaban las mujeres del pueblo. — Ya no me llamen Noemí —respondió ella—. Llámenme Mara, porque el Todopoderoso ha colmado mi vida de amargura. Me fui con las manos llenas, pero el SEÑOR me ha hecho volver sin nada. ¿Por qué me llaman Noemí si me ha afligido el SEÑOR, si me ha hecho desdichada el Todopoderoso?"* **Rut 1:19-21 (NVI)**

¡Cuánto necesitamos que alguien haga por nosotros lo que

nosotros no podemos hacer por nosotros mismos porque el momento amargo nos ha paralizado, nos ha detenido, nos ha puesto en pausa!

Es lo que hizo Rut aquel día que se levantó y le dijo a Noemí: *"Déjame ir al campo a recoger las espigas que vaya dejando alguien a quien yo le caiga bien." Rut 2:2 (NTV).* En otras palabras, le dijo que se quede tranquila en casa, que ella misma iría a buscar el sustento.

¡Cuánto necesitamos a quien nos llene las manos cuando nuestras manos están vacías!

> *¡Cuánto necesitamos que alguien haga por nosotros lo que nosotros no podemos hacer por nosotros mismos porque el momento amargo nos ha paralizado!*

Es lo que hicieron el capataz y los segadores del campo de Booz con Noemí. En medio de la escasez, Dios usa manos humanas para multiplicar provisión divina: *"Rut salió y comenzó a recoger espigas en el campo, detrás de los segadores ... En eso llegó Booz ... —¿De quién es esa joven? —preguntó Booz al capataz de sus segadores. —Es una joven moabita que volvió de la tierra de Moab con Noemí —le contestó el capataz—. Ella me rogó que la dejara recoger espigas de entre las gavillas, detrás de los segadores. No ha dejado de trabajar desde esta mañana que entró en el campo, hasta ahora que ha venido a descansar un rato en el cobertizo ... Así que Rut recogió espigas en el campo hasta el atardecer". Rut 2:3-7, 17 (NVI)*

¡Cuánto necesitamos tener a quien nos bendiga cuando nos sentimos maldecidos!

Es lo que hizo Booz con Noemí al ayudar a Rut. Un acto y una palabra de bendición pueden quebrar años de vergüenza y resignación: *"—¡Que Dios te bendiga! —dijo Booz—. Veo que eres muy fiel con tu suegra y con tu familia, y que no piensas sólo en ti. Me pides que sea yo tu esposo, aunque bien podrías casarte con un hombre más joven que yo." Rut 3:10 (TLA)*

¡Cuánto necesitamos tener a quien profetice sobre nosotros cuando nuestros sueños se han desvanecido!

Es lo que hicieron los ancianos y las mujeres de Belén con Noemí al profetizar sobre la unión entre Booz y Rut. Hablaron vida cuando ella solo veía final: *"Los jefes y todos los que estaban en la puerta respondieron: —Somos testigos. ¡Que el SEÑOR haga que la mujer que va a formar parte de tu hogar sea como Raquel y Lea, quienes juntas edificaron el pueblo de Israel! ¡Que seas un hombre ilustre en Efrata y que adquieras renombre en Belén! ¡Que por medio de esta joven el SEÑOR te conceda una descendencia tal que tu familia sea como la de Fares, el hijo que Tamar dio a Judá! ... Entonces las mujeres le dijeron a Noemí: '¡Alabado sea el Señor, que no te ha dejado hoy sin un redentor! ¡Que llegue a tener renombre en Israel!'"* **Rut 4:11-13, 14 (NVI)**

> **Un acto y una palabra de bendición pueden quebrar años de vergüenza y resignación.**

¡Cuánto necesitamos en los momentos amargos una comunidad de contención donde tengamos esas personas que nos rodean y que son para nosotros la voz, las manos, los brazos de Dios que nos sostienen!

¿Cuál es tu Belén? Ese lugar donde está tu comunidad de contención de parte de Dios. Ese lugar seguro donde puedes llegar, y aunque hayan pasado diez años, puedes volver y ser vulnerable, abrir tu corazón y no sentirte juzgado o juzgada.

Belén es la pausa de Dios en nuestras vidas que nos vuelve a poner en el centro de su obra y su plan redentor en nosotros y a través de nosotros

Finalmente, eso fue Belén para Noemí, una pausa. Su vida se detuvo temporalmente siendo interrumpida por circunstancias que la superaron. Belén fue para Noemí una pausa restauradora, similar a las que los especialistas en salud recomiendan para la recuperación del cuerpo. Así como los atletas necesitan intervalos de descanso para restaurar sus fuerzas y sanar micro lesiones. Noemí, tras años de pérdida y desarraigo en Moab, encontró en su regreso a Belén un espacio de restauración emocional, espiritual y comunitaria. No fue solo un regreso geográfico, sino una pausa providencial donde Dios comenzó a renovar su historia a través de una comunidad que la acogió. En Belén, la amargura no tuvo la última palabra; fue el lugar donde la esperanza comenzó a florecer nuevamente.

A nosotros muchas veces no nos gustan las pausas, nosotros pensamos que los procesos de Dios tienen que ver siempre con el movimiento, con nunca detenernos. Nuestra teología dice que Dios nos lleva de gloria en gloria y de victoria en victoria, porque al que fue fiel en lo poco lo pondrá en lo mucho; así que se trata de más, más ocupaciones, más eventos, más proyectos, más gente. Nunca se trata de menos o, por qué no decirlo, de nada.

Pero resulta que los procesos de Dios no solo tienen que ver con ir cada vez haciendo más, los procesos de Dios tienen todo que ver con que hay momentos en nuestra jornada de vida, de ministerio y de servicio en los que hay que hacer una pausa, y hacer nada.

Hay momentos en la vida en que necesitamos las pausas que nos vuelven a poner en la dirección de Dios. El descanso en los momentos amargos tiene todo que ver con las pausas que un Belén nos puede ofrecer. Y solo lo puede ofrecer "nuestro Belén", porque no hay forma de tener una pausa sanadora en un lugar tóxico donde no hay gracia, donde no hay contención, donde no se bendice, donde no se profetiza, donde no se ama incondicionalmente.

Hay momentos en la vida en que necesitamos las pausas que nos vuelven a poner en la dirección de Dios.

Belén es pausa. Necesitamos ese Belén donde la vida se detiene, aunque la vida continua, a pesar de que parezca paradójico. Necesitamos ese lugar seguro donde no nos sentimos culpables porque no hacemos nada, porque no tenemos la fuerza emocional o mental para lidiar con la situación. Esa pausa de Dios que nos vuelve a ubicar en el modo vida y en el ministerio y en la genealogía del Redentor, el Señor Jesús.

No hay mayor alivio que el darnos cuenta de que en nuestros

momentos más difíciles y amargos tenemos una comunidad segura donde refugiarnos.

Es mi oración por ustedes y por mí: que siempre tengamos claro dónde está nuestro Belén, porque cuando aparece el momento amargo necesitamos correr a ese lugar donde podemos ser nosotros y expresarnos sin ser condenados; donde está nuestra comunidad de contención y, por sobre todo, donde podemos hacer la pausa que necesitamos para permitir que sea Dios el que nos vuelva a poner en su camino redentor.

Anhelo de todo corazón que la historia de Noemí te de las fuerzas para regresar a tu Belén, tu comunidad segura donde puedas encontrar esa pausa de Dios que tanto necesitas y donde tengas la oportunidad de ser vulnerable y ser contenido por quienes te aman desinteresadamente.

Oremos juntos a través del Salmo 23

Padre Celestial, tú cuidas de mí

Tú, Dios mío, eres mi pastor;
contigo nada me falta.

Me haces descansar en verdes pastos,
y para calmar mi sed
me llevas a tranquilas aguas.

Me das nuevas fuerzas
y me guías por el mejor camino,
porque así eres tú.

Puedo cruzar lugares peligrosos
y no tener miedo de nada,
porque tú eres mi pastor
y siempre estás a mi lado;
me guías por el buen camino
y me llenas de confianza.

Aunque se enojen mis enemigos,
tú me ofreces un banquete

y me llenas de felicidad;
¡me das un trato especial!

Estoy completamente seguro
de que tu bondad y tu amor
me acompañarán mientras yo viva,
y de que para siempre
viviré donde tú vives.

¡AMÉN!

Lectura 4

No es lo mismo pasar por un momento amargo que ser una persona amargada

*Entonces las dos mujeres siguieron caminando hasta llegar a Belén. Apenas llegaron, hubo gran conmoción en todo el pueblo a causa de ellas. —¿No es esta Noemí? —se preguntaban las mujeres del pueblo. —Ya no me llamen Noemí —respondió ella—. Llámenme Mara, porque el Todopoderoso ha colmado mi vida de amargura. Me fui con las manos llenas, pero el SEÑOR me ha hecho volver sin nada. ¿Por qué me llaman Noemí si me ha afligido el SEÑOR, si me ha hecho desdichada el Todopoderoso? Así fue como Noemí volvió de la tierra de Moab acompañada por su nuera, Rut la moabita. **Rut 1:19-22 (NVI)***

Al leer Rut aprendiendo de Noemí, me encontré con el momento en que Noemí regresó después de diez años a Belén, su ciudad natal, y las mujeres que la conocían la vieron llegar. Quizá muchas eran familia; otras, amigas de la infancia. Tal vez algunas de ellas estuvieron en la despedida diez años atrás deseándole lo mejor al emigrar a otro país con su familia. Probablemente muchas de ellas la recordaban como una persona feliz, llena de placer. Pero entonces la vieron llegar, y todo el barrio se conmovió al ver la condición en que Noemí estaba. Ella, de regreso, sin su esposo y sus hijos, solo con esta jovencita moabita. Es muy probable que Noemí no fuera una mujer tan mayor, quizás estaba en una edad adulta joven, pero su semblante decaído, su caminar lento y su mirada al piso, confundía a quienes le conocían de toda la vida, y por eso se preguntaban entre ellas: "¿No es esta Noemí? ¿No es acaso nuestra pariente, nuestra amiga, la mujer que irradiaba placer, y ahora la vemos tan rota y sin fuerzas?"

Y entonces Noemí, sacando fuerzas de donde no las tenía, levantó su mirada y les dijo: *"—Ya no me llamen Noemí —respondió ella—. Llámenme Mara, porque el Todopoderoso ha colmado mi vida de amargura. Me fui con las manos llenas, pero el SEÑOR me ha hecho volver sin nada. ¿Por qué me llaman Noemí si me ha afligido el SEÑOR, si me ha hecho desdichada el Todopoderoso?"*

Algunas personas dicen: "¡Noemí estaba amargada después de decir todo eso!" Sabes que no. Ciertas conductas de Noemí revelan que, aunque estaba pasando por un momento amargo, no permitió que ese momento amargo se transformaran en raíces de amargura. Esto es una de las cosas que el Señor más me ha hablado.

Sin importar cuán amarga sea la circunstancia, no es lo mismo estar pasando un momento amargo que tener raíces de amargura en el alma. No es lo mismo vivir un momento amargo que vivir desde la amargura; aun el dolor más intenso no tiene por qué echar raíces en el alma.

> *No es lo mismo vivir un momento amargo que vivir desde la amargura; aun el dolor más intenso no tiene por qué echar raíces en el alma.*

Nunca permitas que un momento amargo se transforme en tus raíces de amargura. Pasar un momento amargo es el resultado de lo que Dios en su soberanía permite que nos pase. Y debemos aceptar que los momentos amargos son parte del camino, y Dios los permite. Sea que haya sido una buena decisión ir a Moab o no, Dios lo permitió. Es lo que pasó. Pero las raíces de amargura en el alma son lo que nosotros, en nuestra inmadurez, permitimos que nos pase.

Es decir, no es lo mismo pasar momentos amargos en la vida que permitir que esos momentos amargos se transformen en raíces de amargura que contamina nuestra alma. Lo primero lo permite Dios. Lo segundo, yo dejo que pase.

Todos nosotros vamos a enfrentar momentos difíciles. Y les estoy hablando a mis condiscípulos, a mis colegas en el ministerio, a aquellos que no solo han decidido seguir a Jesús y ser sus discípulos, sino también a quienes, siendo discípulos, han decidido abrazar este llamado a ser obreros de la cosecha, obreros de su obra, ministros del evangelio. Algunos de ustedes están pastoreando y liderando iglesias; otros, liderando ministerios; otros se suman a este trabajo de ser obreros del reino desde su profesión, desde el mercado de trabajo, desde aquella área, como mamá, como papá, como maestro, como líder comunitario.

Mirar a Noemí en este proceso difícil de su vida nos recuerda, y nos debe recordar siempre, que nosotros no podemos evitar los momentos amargos, pues están dentro de la soberanía de Dios y de lo que Dios permite o no en nuestra vida y en el proceso de servirle a él en su obra y en su misión. Pero lo que sí podemos evitar es que nosotros terminemos siendo amargados por el momento amargo que nos ha tocado atravesar.

Lo repito: los momentos amargos son la soberanía de Dios permitiéndolos en nuestras vidas. La amargura en nuestro corazón que nos hará terminar como pastores, líderes, hijos y ministros de Dios amargados, es nuestra inmadurez y decisión de permitir que el momento amargo se nos meta en el corazón y nos amargue la vida. De esto estamos hablando aquí.

> *No importa qué tan amargo sea tu momento, no permitas que esa amargura se te meta en el alma.*

No importa qué tan amargo sea tu momento, no permitas que esa amargura se te meta en el alma, porque en el momento en que entra al alma echa raíces y cuando echa raíces te transforma en una persona amargada. Y una persona amargada no es alguien que solo se siente mal en el corazón, que siente tristeza y dolor y que de alguna manera se victimiza por lo que le pasó y vive con esos recuerdos el resto de su vida. Es más que eso. Cuando la amargura del momento amargo se te mete en el corazón, en el alma, entonces te transforma, te cambia como persona y cambia tu forma de comportarte. Y ahí es donde está lo triste de esta situación. Porque al cambiar tu corazón y tu comportamiento, ya dejas de ser canal de bendición y te conviertes en un canal de dolor, de tristeza y de victimización para otros.

La raíz de amargura es más que simplemente una emoción dañina del corazón. Es cuando las circunstancias amargas logran entrar al alma. Y arraigándose en el alma cambian a la persona, manifestándose en la manera en que la persona habla y se comporta. Es decir, el momento amargo dio a luz a una persona amarga. Y una persona amarga es contagiosa. El momento amargo no es contagioso, pero la persona amarga sí lo es, es como un "veneno antigracia", porque la raíz de amargura es el odio amargo que se opone a la dulce gracia de Dios.

Es en este sentido que el escritor a los hebreos nos advierte: *"Cuídense unos a otros, para que ninguno de ustedes deje de recibir la gracia de Dios. Tengan cuidado de que no brote ninguna raíz venenosa de amargura, la cual los trastorne a ustedes y envenene a muchos".* **Hebreos 12:15 (NTV)**

En el griego original, la palabra para raíz es "ριζα" *(rhiza)*, que se refiere a la parte de la planta que está bajo tierra y que proporciona soporte y nutrición. En sentido figurado, se usa para referirse a la causa o principio de la amargura que puede crecer y producir consecuencias negativas. El autor usa la palabra griega "πικρια" *(pikria),* que significa literalmente aquello que es extremadamente amargo que produce un fruto muy amargo que contiene en sí cualidades venenosas y nocivas para la salud y que pueden ser destructivas para la vida. En el sentido figurado, en las Escrituras, se refiere a un estado de resentimiento y odio amargo que se aloja en el corazón de la persona, que es maligno en naturaleza, y se vuelve nocivo para la salud espiritual y perjudicial a las buenas costumbres, afectando a otros.

Esto es lo que estaba en el corazón del mensaje de despedida de Moisés cuando le dijo al pueblo de Israel: *"No sea que haya entre vosotros varón o mujer, familia o tribu, cuyo corazón se aparte hoy de Jehová nuestro Dios, para ir a servir a los dioses de esas naciones; no sea que haya en medio de vosotros raíz que produzca hiel y ajenjo." **Deuteronomio 29:18 (RVR 1960).*** Es una advertencia clara en contra cualquier cosa que pueda apartar a las personas de Dios y llevarlas a la idolatría, utilizando la imagen de una raíz amarga que puede crecer y causar daño.

Y es el mismo mensaje de Pablo cuando le dijo a la iglesia en Éfeso: "Abandonen toda amargura, ira y enojo, gritos y calumnias y *toda forma de malicia. Más bien, sean bondadosos y compasivos unos con otros y perdónense mutuamente, así como Dios los perdonó a ustedes en Cristo". **Efesios 4:31-32 (NVI).*** El apóstol exhorta a los creyentes a despojarse de toda amargura y de otros comportamientos negativos que pueden afectar las relaciones dentro de la comunidad cristiana.

La amargura estorba nuestra relación con Dios y con nuestros hermanos en Cristo, impidiendo la gracia de Dios en nuestras vidas.

Por eso es fundamental que estemos atentos para que no brote ninguna raíz de amargura en nosotros y entre nosotros. Este es un llamado a la autoevaluación y a velar como comunidad de Jesús para detectar y tratar cualquier indicio de resentimiento o amargura que pueda surgir. Porque la amargura no solo afecta al individuo que la alberga, sino que tiene la capacidad de contaminar a toda la comunidad de creyentes. La advertencia de evitar una raíz de amargura subraya las serias consecuencias espirituales que pueden surgir si no la trata a tiempo. Porque la amargura estorba nuestra relación con Dios y con nuestros hermanos en Cristo, impidiendo la gracia de Dios en nuestras vidas.

Es mi deseo que la historia de Noemí te libre de las raíces de amargura que te hacen una persona amargada y que descubras cómo la dulce gracia de Dios ha estado y está contigo a lo largo de tu vida.

Oremos juntos a través de Hebreos 12:1-3, 15

Padre Celestial,
decido fijar mi mirada en Jesús,
el iniciador y perfeccionador de mi fe,
quien por el gozo que le esperaba,
soportó la cruz,
menospreciando la vergüenza
que ella significaba,
y ahora está sentado
a la derecha de tu trono.

Así, pues, considero a Jesús
que perseveró frente a tanta oposición,
para que yo no me canse
ni pierda el ánimo.

Ayudame a cuidar de mí,
de mi familia, y de mis
hermanos y hermanas en Cristo.

Para que ninguno dejemos de recibir
tu gracia en nuestras vidas.

Tendré cuidado de que
no brote ninguna raíz venenosa
de amargura,
para que no me trastorne
ni me envenene a mí,
ni tampoco a mi familia,
ni a mis hermanos y hermanas en Cristo.

En el nombre de Jesús,

¡AMÉN!

Lectura 5

Descubriendo cuando el momento amargo está buscando su camino hacia nuestro corazón

Otra vez, leyendo Rut y aprendiendo de Noemí, pude ver a través de la luz de la Palabra y la revelación del Espíritu Santo cómo Noemí peleó en contra de ocho raíces de amargura que nos transforman en una persona amargada. En la próxima lectura de este libro nos enfocaremos en cómo Noemí luchó contra ellas y no permitió que el momento amargo la transformara en alguien amargada. Pero por ahora me parece oportuno señarlas, a manera de entender en qué nos podemos llegar a transformar si permitimos que las raíces de amargura se instalen en nuestra alma.

Quienes han permitido que el momento amargo se transforme en raíces de amargura, presentan las siguientes sintomatologías:

1. Están tan enojados con Dios que se alejan de los lugares donde Dios está obrando.

2. No ven nada bueno, todo es malo y siempre todo fue malo.

3. Si a ellos les fue mal, quieren que les vaya mal a otros también. Andan resentidos con los demás.

4. No se dejan acompañar por quien los ama. Siempre están rechazando la compañía y el amor de otros. Se aíslan.

5. Cambian las palabras de bendición por maldiciones y el bendecir a otros por maldecir.

6. No pueden ver el fiel amor de Dios en sus sufrimientos.

7. Son egocéntricos, hasta me atrevería a decir que algo narcisistas, porque solo se trata de ellos y piensan solo en lo que a ellos les hará bien.

8. No son capaces de abrazar el futuro redentor de Dios para sus vidas, porque se rehúsan a abrazar lo nuevo. Siempre quieren que el pasado vuelva, quieren de nuevo lo que ya no está.

No podemos permitir que el momento amargo haga esto en nosotros, porque como hijos y como siervos de Dios no fuimos llamados a transmitir dolor ni muerte. Hemos sido llamados a transmitir vida, aun a pesar de los momentos amargos, de las traiciones, de la muerte, de la dificultad, de lo que tiene la vida misma en una creación caída y en el ministerio del liderazgo de la iglesia. Cuando sentimos que hay ingratitud en el mismo pueblo al que servimos; cuando trabajamos esforzadamente y parece que la iglesia no crece; cuando incluso aquellos a quienes hemos servido con tanta integridad y fidelidad un día se van de la iglesia sin darnos razones genuinas; o cuando servimos al Señor y todavía nos enfrentamos a luchas y problemas en el propio hogar.

Esta conversación se trata de nuestra salud emocional y espiritual. Tiene que ver con cuidarnos a nosotros mismos y estar atentos. No sé qué momento amargo estás atravesando o hayas atravesado en el pasado, pero te aseguro que no quieres, y no puedes, darte el lujo de permitir que esos momentos

> *No podemos permitir que el momento amargo haga esto en nosotros, porque como hijos y como siervos de Dios no fuimos llamados a transmitir dolor ni muerte.*

amargos te transformen en una persona amargada, porque va a cambiar quién eres y tu forma de vivir y comportarte. Y al final, ¿quiénes terminan lastimados? La gente que realmente te ama, los que realmente te quieren: tu familia, tu cónyuge, tus hijos, aquellos que están alrededor tuyo en el liderazgo del ministerio y que sí son leales a ti y fieles a Dios.

Los indicadores de que el momento amargo quiere echar raíces en el alma y transformarnos en personas amargadas

Mientras más reflexiono leyendo Rut, Noemí sigue enseñándome cómo vivir, cómo comportarme en los momentos difíciles, en los momentos amargos de la vida. Y desde esa perspectiva quisiera mencionar algunos indicadores que nos dejan saber que el momento amargo está buscando su camino a nuestro corazón.

Indicador 1: Cuándo comenzamos a perder la esperanza

"Yo soy demasiado vieja para volver a casarme. Aun si abrigara esa esperanza, y esta misma noche me casara, y llegara a tener hijos, ¿los esperarían sin casarse?" **Rut 1:12-13 (NVI)**

Hay un punto en el camino donde la esperanza parece volverse absurda. Noemí llegó a ese punto. No es que no creyera en Dios, sino que ya no podía imaginar un futuro diferente para sí misma. Sus palabras no eran de incredulidad, sino de cansancio. Su razonamiento era impecable, pero su alma estaba agotada. Es que cuando el dolor se vuelve prolongado, la mente comienza a elaborar argumentos para justificar la renuncia. La fe se apaga lentamente, disfrazada de realismo.

El primer indicador de que el momento amargo está buscando meterse en nuestra alma es cuando perdemos la esperanza porque el cálculo reemplaza a la confianza. Cuando el "aun si" se convierte en una forma de ponerle límites a

La esperanza se erosiona cuando reducimos la vida al terreno de lo posible y dejamos de creer en lo que solo el amor redentor puede hacer.

Dios. Noemí hizo cuentas con su edad, con la biología, con el tiempo y las probabilidades. Pero no hizo cuentas con la gracia. La esperanza se erosiona cuando reducimos la vida al terreno de lo posible y dejamos de creer en lo que solo el amor redentor puede hacer.

Este momento de Noemí nos revela una verdad humana y pastoral profunda: la pérdida de esperanza no comienza con el abandono total de la fe, sino con pequeñas renuncias interiores que justificamos con argumentos lógicos. Es cuando comenzamos a decir: "ya no hay manera", "ya es tarde", "ya no vale la pena". Es entonces cuando el alma empieza a cerrarse a la gracia divina.

Indicador 2: Cuando comparamos nuestro sufrimiento con el del otro

"¡No, hijas mías! Mi amargura es mayor que la de ustedes; ¡la mano del SEÑOR se ha levantado contra mí!" **Rut 1:13 (NVI)**

Ya de regreso a Belén, Noemí les dice a sus dos nueras que se regresen a la casa de su madre. Pero sus nueras lloran y le dicen que volverán con ella a su pueblo. Pero Noemí insistió que debían quedarse con su madre y, en su argumento para mostrarles que no tiene sentido que se vayan con ella, les dice que su amargura es mayor, porque ella ya no puedo tener más hijos y que las nueras todavía están en condiciones de volver a casarse.

El segundo indicador de que el momento amargo está buscando meterse en nuestro corazón es cuando comenzamos a comparar nuestro momento amargo con el momento amargo de otros. Sucede cuando, para justificar nuestra amargura, vemos lo que les pasa a los demás y entonces decimos: "lo mío es peor que lo del otro", "mi amargura es mayor que la de ellos", "aunque les va mal, a mí me va peor".

Indicador 3: Cuando empezamos a confesar que el sufrimiento está cambiando nuestra identidad

"—¿No es esta Noemí? —se preguntaban las mujeres del pueblo.

—Ya no me llamen Noemí —respondió ella—. Llámenme Mara, porque el Todopoderoso ha colmado mi vida de amargura. Me fui con las manos llenas, pero el SEÑOR me ha hecho volver sin nada. ¿Por qué me llaman Noemí si me ha afligido el SEÑOR, si me ha hecho desdichada el Todopoderoso?" **Rut 1:19-20 (NVI)**

Noemí llegó a Belén, y las mujeres comenzaron a comentar que Noemí estaba regreso, pero ella les dijo: Háganme un favor, antes yo era Noemí porque mi identidad era placer, pero ahora soy Mara. ¿Y saben por qué? Porque yo creo que mi identidad está cambiando. Ahora soy simplemente una mujer que tiene que ver con el momento amargo. Ahora mi identidad está ligada a la amargura de este tiempo en mi vida.

La tercera señal que nos indica que ya ese momento amargo no es simplemente un momento difícil, sino que está tratando de echar raíces en el corazón y transformarse en una raíz amargura que se quede por el resto de nuestra vida, es cuando comenzamos a cambiar nuestra propia identidad. Entonces comenzamos a sentir que ya no somos lo que éramos, lo que Dios nos llamó a ser.

A estos tres indicadores hay que prestarles atención porque, aunque el momento amargo no entró todavía en el corazón ni aún se transformó en raíces de amargura, son señales claras de que está buscando echar raíces en el corazón.

Pero Dios está presente en mi momento amargo

Noemí les dijo a sus nueras: *"¡la mano del SEÑOR se ha levantado contra mí!"* Y a las mujeres les dijo: *"el Todopoderoso ha colmado mi vida de amargura ... el SEÑOR me ha hecho volver sin nada ¿...me ha afligido el SEÑOR, si me ha hecho desdichada el Todopoderoso?".*

Al escucharla podríamos decir: *"oh, Noemí se está quejando contra Dios, Noemí ahora está protestando con lo que le está pasando".* Y este podría ser el cuarto indicador de que la amargura se le quiere meter en el alma. Pero mientras leía, y quizá yo mismo pensaba lo mismo, sentí que el Señor me mostraba que no necesariamente es así en el caso de Noemí. Lo que estás escuchando es la teología de Noemí que la guardó y guardó su corazón en este tiempo difícil y devastador de su vida.

Todos nosotros terminamos actuando de acuerdo con nuestra teología, lo que creemos en cuanto a Dios y cuán involucrado está Dios en nuestra vida.

Entender que Dios está presente y entender cómo Dios está presente en nuestra vida, es nuestra oportunidad para pelear contra las raíces de amargura en los momentos más difíciles.

> **Entender que Dios está presente y entender cómo Dios está presente en nuestra vida, es nuestra oportunidad para pelear contra las raíces de amargura en los momentos más difíciles.**

Quizás, a primera impresión, podemos tomar estas palabras como las de una Noemí que se queja y se frustra con Dios. Sin embargo, en realidad, al final del día, mientras Noemí está sintiendo cierto grado de desesperanza y está empezando a luchar con esta idea de compararse con los demás y con esta percepción de que su identidad está cambiando —siente que ya no va a ser la persona que era antes de todo lo que le pasó y hasta los propósitos de Dios puedan ya no ser los mismos en su vida—, al mismo tiempo Noemí pone claro quién es Dios en su vida.

Para ella y para el pueblo de Israel, todo lo que les pasaba, bueno o malo, era permitido por Dios. Dios es soberano sobre ellos y para su entendimiento, su cosmovisión de la vida, todo lo que les pasaba tiene que ver con Dios. Dios lo permite, Dios lo provoca, Dios es el que está en control de la jornada de vida. Así que, al final, escucho una Noemí que dice: *miren, Dios está involucrado en mi vida. Más allá de decir: el Todopoderoso me amargó, me fui con las manos llenas, y me volví con las manos vacías, perdí todas mis inversiones pues Dios me las quitó; lo que realmente Noemí está diciendo es: Dios está en el asunto.*

Para mí eso es muy importante, porque cuando empezamos a observar la forma en que Noemí se comportó durante ese momento amargo, podemos notar la importancia que tiene esa declaración, de no solamente comparar su dolor y decir que su identidad estaba cambiando, sino de afirmar que Dios está presente. Es lo mismo que hizo Job cuando adoró, luego de perderlo todo, diciendo: *"Dios dio, Dios quitó, bendito sea el nombre del Señor".*

Es esta manera de entender el momento amargo, sabiendo que Dios está involucrado en el asunto, lo que le permitió a Noemí atravesarlo y encontrarse de nuevo en la agenda redentora de Dios.

El momento amargo no puede ser la excusa para ser unos amargados

Nuestra reflexión alrededor de Noemí pasa alrededor de este simple principio: *En la vida vamos a tener momentos amargos, pero no necesariamente esos momentos amargos tienen que transformarnos a nosotros en personas amargas.* Y ese siempre va a ser el gran desafío, especialmente para pastores y líderes de la iglesia. Estamos por asignación del Señor, por llamado del Señor, estamos liderando un ministerio, estamos al frente de una iglesia.

¿Cuántos momentos difíciles tenemos que atravesar, cuántos momentos amargos llegarán? Y a ese momento amargo lo puedes llamar de muchas maneras: que las cosas no salieron como esperabas, que te sentiste traicionado por alguien en quien invertiste mucho, que la iglesia atraviesa un difícil momento de pruebas y hasta puedes haber experimentado divisiones en tu congregación.

> *En la vida vamos a tener momentos amargos, pero no necesariamente esos momentos amargos tienen que transformarnos a nosotros en personas amargas.*

El asunto es que, como Noemí y su familia, salimos con grandes expectativas a la vida con Cristo y al ministerio, y en el camino nos encontramos con la muerte, con la enfermedad, con la tristeza. No busco ser pesimista en relación con la vida y el ministerio. Lo que sí estoy tratando de decir, es que, nos guste o no, también a los cristianos y a los pastores nos va mal, que también a los líderes que servimos al Señor con un corazón conforme al de Dios, con nuestra mejor disposición, con todo nuestro esfuerzo por ser obedientes, también nos va mal. Pero ese "nos va mal" no puede ser jamás nuestro pretexto para transformarnos en pastores, en líderes, en discípulos de Jesús amargos, amargados, convertidos en personas que con nuestra conducta y con nuestra forma de hablar transmitimos veneno emocional y espiritual, lastimando la vida nuestra y de los demás.

Oremos juntos a través de Isaías 43:1-5

Señor, no temeré,
porque tú me has redimido;
me has llamado por mi nombre;
me has dicho que soy tuyo.

Cuando cruce las aguas,
tú estarás conmigo;
cuando cruce los ríos,
no me cubrirán las aguas;
cuando camine por el fuego,
no me quemaré
ni me abrasarán las llamas.

Porque tú eres el Señor mi Dios,
el Santo de Israel, mi Salvador;

No temeré, porque tú estás conmigo.

¡AMÉN!

Lectura 6

Las ocho conductas que nos guardan de las raíces de amargura

Mientras leía Rut aprendiendo de Noemí, descubrí estas ocho conductas de Noemí. A través de ellas, sentí que el Espíritu Santo me hablaba y me decía que aun en los momentos más amargos de mi vida, si estoy disponible para guardar mi corazón en el Señor, debería ser intencional en procurar hacer lo que Noemí hizo. Vivir el momento amargo que estaba atravesando como Noemí lo vivió.

Mientras lees estas líneas, puedo escuchar a Dios decirte: *No importa lo mal que te fue ni lo derrotado que volviste. Yo, el Señor, todavía tengo planes para ti en mi trabajo redentor en este mundo. Pero hay ciertas conductas que, como Noemí, quiero que insistas en practicar para que no permitas que el momento amargo te transforme en una persona amargada, en un amargado ministro de mi evangelio.*

Y quizás a este punto te estarás preguntado: ¿de qué manera Noemí vivió y se comportó en los momentos más amargos de su vida para que Dios la volviera a colocar en su plan redentor?; ¿cuáles son esas conductas a las que les debo prestar atención para pelear en contra de la amargura?

1 - Noemí regresó a donde Dios estaba obrando

"Noemí decidió regresar de la tierra de Moab con sus dos nueras, porque allí se enteró de que el SEÑOR había acudido en ayuda de su pueblo al proveerle de alimento". **Rut 1:6 (NVI)**

Si los amargados están tan enojados con Dios que se alejan de los lugares donde él está obrando, cuando te encuentres en los momentos más amargos de la vida y el ministerio, entonces regresa a donde Dios está obrando. Si el momento amargo te está transformando en una persona amargada vas a alejarte de tu comunidad de fe, vas a dejar de ir a la reunión de oración, vas a querer alejarte de todo lo que representa a Dios. Pero qué interesante es que Noemí, cuando se quedó viuda y sin hijos, lo primero que el texto bíblico nos dice es que regresó a donde Dios estaba obrando.

> *En los momentos más amargos, todos necesitamos encontrar ese lugar donde el Señor está obrando.*

Presta atención, porque cuando sientes que Dios no está haciendo nada en tu vida, que parece que todo está saliendo mal, todavía está tu Belén, todavía está ese lugar donde puedes levantar la vista y decir "yo necesito ir al lugar donde Dios está obrando, necesito ir a donde nos reunimos a orar y la presencia del Señor se siente y ministra a través de la iglesia, donde nos sentamos a leer la Escritura y el Señor nos habla".

En los momentos más amargos, todos necesitamos encontrar ese lugar donde el Señor está obrando.

¿En qué lugar Dios está obrando?

Aquí quisiera hablarles a mis colegas en el ministerio. Si saben que Dios está obrando en una iglesia hermana, habla con el pastor de esa iglesia y busca ahí al Señor, y dile al Señor, estoy aquí porque necesito tu presencia, tu palabra y tu poder en mi vida. Si tienes una comunidad de pastores segura con las que te reunís periódicamente, no dejes de reunirte con ellos, búscalos y júntate con tus amigos, colegas, pastores o líderes que te pueden contener. Regresa a donde Dios está obrando, ve a ese lugar donde el Señor está manifestándose. Y cuando estés allí, el Señor se va a manifestar, te va a hablar, va a obrar y te va a mostrar lo que no estás viendo en ese momento difícil.

2 - Noemí reconoció lo bueno dentro de todo lo malo que le estaba pasando

*"Entonces Noemí dijo a sus dos nueras: —¡Miren, vuelva cada una a la casa de su madre! Que el SEÑOR las trate a ustedes con el mismo amor y lealtad que ustedes han mostrado con los que murieron y conmigo". **Rut 1:8 (NVI)***

Algunos pueden pasar por alto estas palabras, pero encuentro una segunda conducta que protegió a Noemí de la raíz de amargura en el momento más amargo de su vida. No solo fue intencional en ir a donde Dios estaba obrando.

Las personas amargadas no ven nada bueno. Para ellos todo es malo y siempre todo fue malo. Pero Noemí se dirigió a sus nueras y reconoció el amor y la lealtad de ellas, tanto para ella como para su esposo y sus hijos.

Las personas que permiten que el momento amargo los transforme en unos amargados, no solo están enojados con Dios y se alejan de donde Dios está obrando, sino que además no ven nada bueno en su vida, en lo que han vivido ni en los demás. Para ellos todo es malo, todo siempre fue malo.

¿Han escuchado algún amargado alguna vez?

"Es que en esta iglesia las cosas nunca salen bien, nunca van a salir bien, aquí nadie sirve, aquí nadie tiene pasión por el Señor". "Lo que pasa es que a mí siempre me fue mal y nunca nadie me ha ayudado, nadie es leal, nadie me ama".

Bueno, fíjate que Noemí perdió al marido y perdió a los dos hijos, sin embargo, cuando ella les habló a las nueras, no las acusó diciendo: *"¿saben qué? al final me parece que por culpa de ustedes mis hijos se murieron, porque son unas moabitas".* Sino muy por el contrario, ella simplemente les habló a sus nueras y les dijo: *"que el Señor las trate a ustedes con el mismo amor y lealtad que ustedes han mostrado con los que murieron y conmigo".*

En medio de toda su desgracia, Noemí encontró algo que celebrar en las dos nueras. Ella encontró algo bueno que reconocer en todo lo que estaba pasando. Y lo que encontró bueno fue que estas dos muchachas habían sido amorosas y leales para con sus hijos y para con ella.

En 1 Reyes 19 podemos leer que el profeta Elías le dijo al Señor que no había nadie que sea leal a Dios pues todos han doblado sus rodillas. Pero el Señor le dijo: *"Cálmate muchacho, levanta un poco los ojos y date cuenta de que hay siete mil que no han doblado sus rodillas".* Cuando todo está saliendo mal, nos volvemos cortos de vista y pensamos que todos en la iglesia están mal, que nadie es leal, que nadie expresa amor, que nadie es santo como nosotros somos santos. Si ese fue el reclamo de Elías, es muy probable que más de una vez nosotros, los discípulos de Jesús, los pastores, los líderes de la iglesia, lo hayamos hecho.

Una acción muy importante, cuando estás pasando los momentos amargos, es alejarte de esa actitud de que todo es malo, todo está mal, nada está saliendo bien. Porque cuando levantas la vista y prestas atenciones a los momentos más amargos que estás viviendo siempre vas a encontrar algo que celebrar, a alguien a quien celebrar, la actitud de alguien a quien reconocer, alguien que ha sido amoroso, alguien que ha sido leal, algo y alguien que merece realmente ser celebrado.

Así que ¡encuéntralos!, porque en medio de ese momento difícil, en la iglesia, en tu familia, vas a encontrar una acción que celebrar en tu cónyuge, en tu esposa, en tus hijos, en un miembro de la iglesia, en un amigo, en el pastor.

Y te animaría incluso a que les hables y les dejes saber cómo su amor y lealtad te animan y te fortalecen. Que les digas: *"Te celebro como amigo porque siempre estuviste presente y eso me anima. Te celebro como esposa, porque a pesar de todo lo que ha pasado, la forma en que administraste las finanzas, la forma en que nunca dejaste de creer que podíamos los dos salir adelante, me inspira".*

Cuando empezamos a usar expresiones como "nadie" y "nada", en lugar de levantar la vista y celebrar, nos volvemos unos amargados tóxicos y dañinos a los demás.

Si vas a pelear contra esa raíz de amargura, levanta la vista y reconoce lo bueno que ha pasado y que está pasando, porque eso te va a guardar de que el momento amargo no te transforme en una persona amargada o un ministro amargado.

En los momentos más difíciles, cuando parece que nada está saliendo bien, siempre hay algo que celebrar.

No creo que haya algo más triste que un discípulo de Jesús amargo, que un siervo de Dios amargado.

Aprendamos que, en los momentos más difíciles, cuando parece que nada está saliendo bien, siempre hay algo que celebrar, siempre hay alguien a quien celebrar, porque esto va a guardar nuestro corazón de la amargura.

3 - Noemí anheló lo mejor para sus nueras que también lo estaban pasando mal

"Que el SEÑOR les conceda hallar seguridad en un nuevo hogar al lado de un nuevo esposo. Luego las besó". **Rut 1:9 (NVI)**

Los amargados suelen tener este deseo silencioso y secreto que, si a ellos les fue mal, quieren que les vaya mal a otros también. Porque la amargura los vuelve resentidos con los demás. Pero Noemí les dijo a sus nueras que deseaba que tuvieran un nuevo hogar y que sea junto a un nuevo esposo que les de seguridad.

Es increíble descubrir a Noemí peleando contra la amargura. Primero, decidió regresar a donde Dios estaba obrando. Segundo, reconoció lo bueno dentro de todo lo malo que estaba pasando. Y, tercero, anheló lo mejor para sus nueras, que también lo estaban pasando de lo peor.

Noemí, podría haber dicho *"si a mí me está yendo mal, que les vaya mal a ellas también; si yo voy a ser una viuda, que ellas sean viudas hasta el día en que se mueran, y que sean unas resentidas como yo".* Pero ella hizo lo opuesto y anheló lo mejor para sus nueras.

En medio de la pérdida que estás enfrentando, aléjate de ese estado de ánimo que te hace añorar lo que tenías y ya no está. Porque vas a comenzar a pensar por qué ellos tienen lo que era tuyo, por qué a ellos les va bien y a ti te va mal, cuando crees que has hecho las cosas bien.

Incluso, diría que aún el hecho de no desear nada, ni malo ni bueno, es una puerta abierta a la amargura. El ejercicio emocional y espiritual de anhelar que al otro le vaya bien, es una inmunización en el corazón contra la amargura.

El ejercicio emocional y espiritual de anhelar que al otro le vaya bien, es una inmunización en el corazón contra la amargura.

Una de las artimañas de Satanás es que en los momentos difíciles nos olvidemos de los demás y solo pensemos en nosotros. Aún en el momento más complicado, decidamos anhelar y confesar lo mejor para el otro, eso guarda nuestro corazón y nos hace vivir en libertad.

Y este anhelo implicaba un grado de sacrificio personal. Al decirle a sus nueras que se vuelvan a su casa y que formen un nuevo hogar, Noemí estaba decidiendo quedarse sola, no contar con la ayuda y la compañía de ellas en el resto del camino y de la vida.

Y así es hoy también. Desearle lo mejor al otro en nuestros momentos más difíciles siempre es una decisión personal que en alguna dimensión nos pide un sacrificio personal. En mis tiempos de crisis, lo mejor para el otro puede llegar a implicar lo que no es lo mejor para mí.

Cuando encontramos algo bueno que celebrar en el otro, entonces comenzamos a desear lo mejor para el otro. Y como resultado nos volvemos más gentiles para con los demás y entonces abrazamos en lugar de golpear, besamos en lugar de morder. Los amargados son gente a la que no te puedes acercar, porque creen que todo es tan malo y que nadie merece nada bueno, que si alguien se acerca lo golpean porque seguramente es malo. Golpean con sus palabras, golpean con sus actitudes, golpean con sus decisiones, y algunos hasta golpean con sus manos.

Pero los brazos y las manos de Noemí abrazaron y besaron a sus nueras. Y nosotros también, hoy podemos abrazar y besar a quienes nos acompañan en nuestro dolor si decidimos ver sus virtudes y comenzar a declarar sobre ellos los mejores deseos de prosperidad de parte del Señor.

4 - Noemí se dejó acompañar por quién la amaba

"Al ver Noemí que Rut estaba tan decidida a acompañarla, no le insistió más. Entonces las dos mujeres siguieron caminando hasta llegar a Belén". Rut 1:18-19 (NVI)

Las personas amargadas no se dejan acompañar por quienes los aman. Siempre están rechazando la compañía y el amor de otros. Se aíslan y alejan de quienes quieren estar cerca.

Los momentos amargos te van a proponer que rechaces al que te ama de verdad, que no permitas que te amen y que no te dejes acompañar por ellos. Y entonces buscarás todo tipo de argumentos para rechazarlos y no dejar que te acompañen.

> *Las personas amargadas no se dejan acompañar por quienes los aman. Siempre están rechazando la compañía y el amor de otros.*

Así vemos a Noemí, que insistió con muchos argumentos para que Rut y Orfa se vuelvan a sus casas paternas. Sin embargo, ambas nueras lloraron y le dijeron que se irían con ella. Noemí nuevamente insistió y les dio todas las razones que ellas tenían que escuchar para convencerlas de que no vayan con ella, casi como diciendo *"no quiero que estén conmigo"*. Orfa aceptó los argumentos de su suegra y dándole un beso la dejo. Pero el relato bíblico dice *"pero Rut se aferró a ella"*. Y el intercambio de palabras que queda registrado sobre este momento entre Noemí y su nuera Rut muestra la determinación de Rut de amar y la decisión de Noemí de dejar que Rut la ame y la acompañe.

"—Mira —dijo Noemí—, tu cuñada se vuelve a su pueblo y a sus dioses. Vuélvete con ella. Pero Rut respondió: «¡No

insistas en que te abandone o en que me separe de ti! Porque iré adonde tú vayas y viviré donde tú vivas. Tu pueblo será mi pueblo y tu Dios será mi Dios. Moriré donde tú mueras y allí seré sepultada. ¡Que me castigue el SEÑOR con toda severidad si me separa de ti algo que no sea la muerte!». Al ver Noemí que Rut estaba tan decidida a acompañarla, no insistió más. Entonces las dos mujeres siguieron caminando hasta llegar a Belén." Rut 1:15-19 (NVI)

Noemí vio el amor, la pasión y la intencionalidad de Rut por acompañarla en ese momento de su vida, incluso con una dimensión de sacrificio, porque en cierta forma para Rut permanecer con su suegra era también asumir las consecuencias de vivir una vida de viudez sin identidad y sin valor en una sociedad que no le daba valor a la mujer sin esposo y sin hijos varones. Y más aún para Rut, siendo moabita y yendo a Belén: era un doble desprecio, porque Moisés les había dado instrucciones a los israelitas de que *"no podrán entrar en la asamblea del SEÑOR los amonitas ni los moabitas, ni ninguno de sus descendientes, hasta la décima generación. Porque no te ofrecieron pan y agua cuando cruzaste por su territorio, después de haber salido de Egipto. Además, emplearon a Balán, hijo de Beor, originario de Petor en Aram Najarayin, para que te maldijera." Deuteronomio 23:3-4 (NVI)*

Pero Rut estaba decidida a no dejarla. Así que cuando Noemí se dio cuenta de la determinación de Rut no le insistió más y permitió que caminara con ella hasta llegar a Belén.

Me parece muy importante que pensemos seriamente cuántas veces hemos lastimado, hemos rechazado con una palabra, con un gesto, con una acción, a aquellos que no merecían ser lastimados. Sin embargo, en medio de todo lo que nos estaba pasando, los herimos porque estábamos descargando en ellos el enojo que tenemos por lo que nos sucede. Cuántas veces gente que nos quiere de verdad nos ha insistido para estar a nuestro lado y los hemos rechazado —hasta ignorado—, no dejándoles que nos acompañen en el camino.

Noemí rechazó a su nuera hasta que Rut le dijo: *"no importa lo que hagas o lo que digas, me voy a quedar al lado tuyo y te voy a acompañar en esto".*

Si hay algo que los hijos de Dios —pastores, líderes, aquellos que somos discípulos de Jesús y obreros de su reino y vivimos en esta vida de diaconía y de servicio en el ministerio— necesitamos entender es que en los momentos amargos todavía hay gente que nos ama de verdad.

Te lo repito, hay gente que te quiere de verdad.

> *Si hay algo que los hijos de Dios necesitamos entender es que en los momentos amargos todavía hay gente que nos ama de verdad.*

No podemos pensar que porque alguien nos traicionó, nos lastimó, no fue honesto, no fue leal o porque perdimos a alguien a quien realmente amábamos, no hay nadie más que nos ame de verdad. Y Noemí tuvo que trabajar en esto y dejarse amar y acompañar.

Una de las cosas que guardó el alma y el corazón de Noemí para llegar a ese momento donde Dios la volvió a poner en su plan redentor es que bajó la guardia y se dejó acompañar por quien la amaba de verdad, por Rut.

Todos nosotros tenemos que bajar la guardia y mirar a nuestro alrededor y reconocer quién nos ama de verdad. Nuestro esposo, nuestra esposa, nuestros hijos, amigos, hermanos en Cristo, pastores y líderes espirituales de la iglesia que nos aman de verdad.

Si alguien más te traicionó no puedes pensar que los demás no te quieren de verdad. Muchas veces entramos en esa soledad donde queremos caminar a nuestro Belén. Pero no podemos volver a Belén con una actitud de no dejarnos amar. Noemí volvió a Belén con un corazón disponible para dejarse amar y dejarse acompañar por Rut. Y a Rut se sumaron todos los demás en Belén que la contuvieron en su momento más difícil.

No sé qué tan difícil es lo que te pasa, pero una cosa sí sé: hoy es el día en que tienes que bajar la guardia y prestar atención a los que te están amando de verdad y dejar que te acompañen, que te abracen. Hoy puedes volver a escuchar el compromiso que ellos tienen contigo y volver a creerles, volver a abrazarlos y dejar que te acompañen en el resto del camino.

En medio de todo lo que te está pasando, Dios tiene gente que te ama de verdad. Déjate acompañar, déjate abrazar y recibe el amor que ellos tienen para ti. Porque ese amor es el que va a ser tu cuidado y tu fuerza en los momentos difíciles de tu vida.

5 - Noemí bendijo a Booz por su corazón generoso

"Su suegra preguntó: —¿Dónde recogiste espigas hoy? ¿Dónde trabajaste? ¡Bendito sea el hombre que se fijó en ti! Entonces Rut contó a su suegra acerca del hombre con quien había estado trabajando. Le dijo: —El hombre con quien hoy trabajé se llama Booz. —¡Que el SEÑOR lo bendiga! —exclamó Noemí delante de su nuera—." **Rut 2:19-20 (NVI)**

Las personas amargadas solo tienden a maldecir todo y a todos. Su boca está llena de maldición porque su corazón rebosa de amargura venenosa que suelta sobre otros todo tipo de expresión de mal. Y más triste aún es cuando nosotros —conociendo a Dios, teniendo el Espíritu Santo y caminando con el Señor Jesús— nos llenamos de raíces de amargura y cambiamos nuestra forma de hablar. Con la boca que bendecíamos, ahora maldecimos. Con la misma boca que deseábamos lo bueno que viene del Padre Celestial, ahora maldecimos a otros pronunciando con nuestras palabras lo malo para ellos.

Y claro, ¿cómo puede de ser de otra manera cuando decidimos quedarnos solos, permitiendo que nuestro corazón se llene de malos deseos para otros? Es que no queremos ver lo bueno en medio de todo lo malo que estamos viviendo, porque estamos tan enojados con Dios que nos hemos alejado de su presencia y de todo lugar y espacio comunitario donde Dios está presente y obrando. Pero una vez más, Noemí nos enseña cómo luchar contra estas raíces venenosas de la amargura.

Rut salió a buscar comida, se fue a buscar algo de trabajo para proveer a la casa. Llegó a los campos de Booz y empezó a recoger espigas detrás de los trabajadores. En un momento Booz, el dueño de los campos que recién había llegado, preguntó quién era la mujer que estaba recogiendo espigas. Sus hombres le explicaron que era la nuera moabita de Noemí y lo que Rut había hecho desde la mañana temprano. Entonces este hombre le permitió que tome todo lo que pudiera recoger, que se lleve todo lo que se pudiera llevar, incluso hasta le dio de comer.

Rut hizo su trabajo durante el día y al terminar su jornada llegó con mucho trigo y con comida para su suegra. Y Noemí se sorprendió y le dijo: *"—¿Dónde recogiste espigas hoy? ¿Dónde trabajaste? ¡Bendito sea el hombre que se fijó en ti!"*

Notemos que Noemí ya estaba bendiciendo sin siquiera saber quién había hecho el bien con Rut.

"Entonces Rut contó a su suegra acerca del hombre con quien había estado trabajando. Le dijo: —El hombre con quien hoy trabajé se llama Booz. —¡Que el SEÑOR lo bendiga! —exclamó Noemí delante de su nuera—."

Noemí se encontraba en el momento más amargo de su vida, en el momento en que era una viuda, que había perdido a su esposo y sus dos hijos, que estaba en casa inhabilitada emocional y socialmente, quizás su estado de ánimo sin fuerzas para hacer nada, sin ganas de salir de su cuarto. Pero, porque se dejó amar y acompañar por Rut, se encontró con Booz y su generosidad.

Ahora convengamos que Noemí podría haber pensado que Booz hacía todo eso porque estaba interesado en quedarse con sus tierras, ya que sabía que era un pariente redentor. Podría haberle dicho a su nuera: *"estoy segura de que tiene malas intenciones, algo raro debe estar tramando"*. Es que en el momento amargo siempre sospechas de todo y de todos, y tienes dudas de toda acción buena de otros hacia ti.

Pero Noemí no hizo eso. Cuando Rut llegó y le contó todo lo bueno que le pasó ese día y quién la ayudó, ella exclamó: *"¡Bendito sea el hombre que se fijó en ti! ¡Que el SEÑOR lo bendiga (a Booz)!"*

Así que, Noemí en medio del momento más amargo, cuando llegó un día bueno, bendijo a quien no conocía y bendijo a su pariente, bendijo a las personas que la estaban bendiciendo.

El momento amargo va a decirle a nuestro corazón que se transforme en alguien que maldice. Pero necesitamos imitar a Noemí, quien nos dice: *"No, muchachos. La única forma de pelear el momento amargo y llegar con el corazón listo para el día en que el Señor te ponga devuelta en su plan redentor, es que guardes tu corazón. Y aunque tengas todas las razones para maldecir, hoy es día de bendecir".*

Bendice a "los Booz" que Dios ha puesto en tu camino, bendice al que te maldice, bendice al que te hace bien y bendice al que te hace mal.

Pero bendigamos con el corazón, no solo con nuestra boca. Cuántas veces las palabras de reclamo de Dios a su pueblo son las mismas palabras de reclamo entre nosotros. Porque somos gente que con los labios honramos a otros, pero nuestro corazón está lejos de ellos. Y están lejos porque la amargura se está arraigando en nuestro corazón.

La única forma de pelear el momento amargo y llegar con el corazón listo para el día en que el Señor te ponga devuelta en su plan redentor, es que guardes tu corazón.

Cuántas veces expresamos de manera automática ese famoso "Dios te bendiga" y ni siquiera estamos pensando en lo que implica esa frase, o lo que significan esas palabras para el que se la estamos diciendo. Es que quizá ese momento amargo, esa lucha que tenemos en el corazón, se nos quiere meter en el alma como una hiel amarga. Y entonces tenemos que parar y decirle: *"No. No te quiero en mi corazón. No quiero un corazón que llena mi boca de maldiciones. Quiero un corazón que es consciente de 'esas Rut' y 'esos Booz' en mi vida que interrumpen los tiempos malos con días buenos, y que hacen brillar el sol de esperanza. Y quiero bendecirlos, desearles lo mejor del Padre Celestial. Quiero tener un corazón que llena mi boca de expresiones que los bendicen."*

6 - Noemí reconoció el fiel amor de Dios para ella y su familia y le alabó en voz alta

"El SEÑOR no ha dejado de mostrar su fiel amor hacia los vivos y los muertos. Ese hombre es nuestro pariente cercano; es uno de los parientes que nos pueden redimir." Rut 2:20 (NVI)

Las personas amargadas no pueden distinguir el fiel amor de Dios en sus sufrimientos. Pero Noemí, que ya había confesado *"en grande amargura me ha puesto el Todopoderoso. Yo me* *fui llena, pero Jehová me ha vuelto con las manos vacías ... Jehová ha dado testimonio contra mí, y el Todopoderoso me ha afligido" —**Rut 1:20-21 (RVR 1960)**—,* peleó contra la raíz de amargura siendo intencional en ver lo que Jehová, el Señor, *"no ha dejado de mostrar", y que no es ni más ni menos que "su fiel amor hacia los vivos y los muertos".*

Hay mucho de nostalgia en estas palabras de Noemí. Ella no solo vio el amor fiel de Dios para con ella que está viva, sino también para con su esposo y sus hijos. Es probable que mientras el Señor mostraba su fidelidad a través de la provisión, ella recordara conversaciones con su esposo o con sus hijos sobre una vida mejor, sobre el cuidado de Dios sobre sus vidas. Y por eso, en la generosidad de Booz, encontró la gracia de Dios aún para con su marido que ya falleció. Por eso declaró que el Señor no ha dejado de mostrar su fiel amor para ella y Rut, que están vivas, y también para su esposo e hijos que ya han fallecido.

Se necesita mucho valor, un gran esfuerzo diario e intención para bendecir a otros. Y definitivamente se necesita aún más valor y esfuerzo para que en medio de todo lo que está pasando, donde pareciera que la fidelidad y el amor de Dios no están presentes, decidas encontrar las señales de que Dios está fielmente presente, porque Dios ya te está enviando muestras de que él no está ausente.

Cuando Dios le dio esta primera señal de un día bueno a Noemí, en medio de todos los días malos que venía teniendo, ella reconoció que Dios no había dejado de mostrar su fiel amor.

Tenemos un Dios que nos ama fielmente. No dejes que el momento malo te diga lo contrario. Dios no va a dejar de mostrar su fiel amor en tu vida. Así que levántate todos los días y presta atención, porque allí están los días buenos, allí están los momentos de la intervención divina, allí están los acontecimientos donde vas a descubrir la gracia de Dios que obra en tu vida.

> *Dios no va a dejar de mostrar su fiel amor en tu vida. Así que presta atención y descubrirás la gracia de Dios que obra en tu vida.*

Y esto es lindo, porque el momento malo siempre te va a decir que te levantes y te transformes en alguien que solo ve las obras del ladrón que está robando. Así entonces cada día te levantas y te la pasas hablando de cómo te robó el trabajo, cómo te robo el matrimonio, cómo te robó años de juventud, cómo te robó el gozo del ministerio. Y solo te pasas hablando y reconociendo el fiero odio del ladrón, en lugar de reconocer el fiel amor de Dios. Pero cuando reconoces que Dios es fiel a pesar de todo lo que está pasando, como Noemí, puedes ver el amor fiel de Dios en medio de todo el sufrimiento. Y eso es levantarse todos los días y decir *hoy no quiero descubrir ni mirar la desgracia que me propone el momento malo, hoy quiero encontrar la gracia de Dios en todo lo que me está pasando.*

"Porque sabemos que los que aman a Dios, todas las cosas les ayudan a bien" (Romanos 8:28). Porque entendemos que aún lo que el enemigo trae contra nosotros para mal, Dios lo transforma en bien.

Así que levántate y encuentra hoy el fiel amor de Dios que está ahí, está presente en tu vida.

7 - Noemí buscó un hogar seguro para su nuera Rut

"Un día su suegra Noemí le dijo: —Hija mía, ¿no debiera yo buscarte un hogar seguro donde no te falte nada? Además, ¿acaso Booz, con cuyas criadas has estado, no es nuestro pariente? Escucha bien, él va esta noche al campo para separar el grano de la paja. Báñate, perfúmate y ponte tu mejor ropa. Baja luego al lugar donde se limpia el trigo, pero no dejes que él se dé cuenta de que estás allí hasta que haya terminado de comer y beber. Cuando se vaya a dormir, te fijas dónde se acuesta. Luego ve, descubre sus pies y acuéstate a su lado. Verás que él mismo te dice lo que tienes que hacer. —Haré todo lo que me has dicho —respondió Rut." Rut 3:1-5 (NVI)

Las personas amargadas son egocéntricas, hasta me atrevería a decir que son algo narcisistas, porque solo se trata de ellos y piensan solo en lo que a ellos necesitan para estar bien.

El momento amargo te propone siempre que lo que está pasando solo se trate de ti y no de los demás. Te convence de que solo pienses en ti, en tus necesidades, y que te olvides aún de la gente que está cerca tuyo y que te ama. Pero ¿sabes qué?, esas personas también tienen necesidades en medio de todo este tiempo amargo que estás viviendo.

Esas mismas personas que nos abrazan, que nos cuidan, que en los momentos difíciles te están diciendo "estamos con contigo", "no estás solo", "yo salgo a hacer las cosas por ti cuando tú no puedes", ellos también necesitan el abrazo del Señor, necesitan avanzar en medio de sus propias luchas y dificultades.

Por eso me impacta este momento y esta conducta de Noemí. Ella se levantó un día, miró a Rut y entendió que su nuera necesitaba un nuevo hogar. No dijo: "oh, Rut se casó con mi hijo y no se volverá a casar; es más, como me dijo que se quedaba conmigo, que se quede aquí como mi sirvienta a trabajar para mí". ¡No! Noemí se levantó y miró a Rut, esa muchacha que la amó y que se comprometió con ella en su peor momento, y le dijo: "¿No debería yo buscarte un hogar seguro, un lugar donde tú formes tu familia y no te falte nada?"

Para que la amargura no se te meta en el alma, levanta tu cabeza y mira a los que te aman y pregúntate qué puedes hacer por ellos.

Noemí le buscó un hogar seguro a su nuera pues entendió que ella no era la única que la estaba pasando mal. Así que miró a Rut y pensó que era momento de que hiciera algo por ella. Quizá Noemí no pudiera hacer mucho por sí misma y Rut la estaba ayudando, pero qué interesante dinámica se produjo: aunque Rut servía y ayudaba a Noemí a pasar el momento amargo, Noemí se salió del centro de la situación y se dio cuenta de que no se trataba de ella solamente y su dolor. Entonces le dijo a Rut: *"yo tengo que hacer algo por ti"*.

Esa es la conducta que tienes que tener en tu momento amargo, para que no se te meta en el alma. Hay que levantar la cabeza, mirar a los que te aman y pensar qué necesitas hacer hoy por ellos para que puedan avanzar, para que puedan salir adelante, para que puedan vencer sus propios gigantes. Busca hacerle bien al otro.

8 - *Noemí abrazó lo nuevo que trajo Dios a su vida*

"Así que Booz tomó a Rut y se casó con ella. Cuando se unieron, el SEÑOR le concedió quedar embarazada, de modo que tuvo un hijo. Las mujeres decían a Noemí: «¡Alabado sea el SEÑOR, que no te ha dejado hoy sin un redentor! ¡Que llegue a tener renombre en Israel! Este niño renovará tu vida y te sustentará en la vejez, porque lo ha dado a luz tu nuera, que te ama y es para ti mejor que siete hijos». Noemí tomó al niño, lo puso en su regazo y se encargó de criarlo. Las vecinas decían: «¡Noemí ha tenido un hijo!». Y lo llamaron Obed. Este fue el padre de Isaí, padre de David." **Rut 4:13-16 (NVI)**

Las personas amargadas no son capaces de abrazar el futuro redentor de Dios para sus vidas, porque se rehúsan a abrazar lo nuevo, siempre quieren que el pasado vuelva, quieren de nuevo lo que ya no está.

Esta es una conducta que cierra con broche de oro todo lo demás que hemos estado hablando. Noemí llegó al punto en que su nuera se casó y tuvo un niño. ¡Noemí se convirtió en abuela! Tomó a ese nieto en sus brazos y en su regazo, y la Escritura dice que se encargó de criarlo.

¿Qué significa esto? Que el momento amargo siempre te va a proponer que sigas toda la vida triste porque nunca pudiste cumplir con lo que soñaste años atrás, y que nunca aceptes una opción diferente de parte de Dios. Frente a ti está lo nuevo que Dios te quiere dar, sin embargo te quedaste estancado en lo viejo que soñaste.

Aquí vemos al hijo de Rut —no es de Noemí, es hijo de Rut—, sin embargo, cuando las mujeres vieron a Noemí tomar al niño entre sus brazos y criarlo, empezaron a decir que Dios le había dado un hijo a Noemí. *"¡Noemí ha tenido un hijo!"*, exclamaban. Esto es una conducta impresionante y yo la entiendo así: Noemí abrazó lo nuevo que Dios trajo a su vida a través de su obra redentora.

Los momentos amargos son la forma en la que Dios nos procesa y nos coloca en lo nuevo que tiene para nosotros.

Los momentos amargos son la forma en la que Dios nos procesa y nos coloca en lo nuevo que tiene para nosotros. Nosotros insistimos en tener en nuestras manos algo viejo y, aunque murió, lo mantenemos vivo en el alma. Pero ya murió, ya está en el pasado. En cambio Noemí cuando vio al niño lo abrazó y lo crio; no peleó contra eso, entendió su nuevo rol en el plan redentor.

Noemí no peleo con lo nuevo de Dios quejándose y diciendo *"al final resulta que ahora este hijo de Rut ni siquiera es mi nieto de sangre"*. No. Ella lo abrazó, lo tomó y lo crió. Noemí supo abrazar la propuesta redentora de Dios para su vida, supo abrazar lo nuevo, invirtió en lo nuevo, porque no solo lo puso en su regazo, sino que lo crio. Ella fue la abuela que el niño necesitaba. Invirtió en ese niño que eventualmente se transformaría en el abuelo del rey David y en parte de la línea genealógica del Señor Jesucristo.

Queremos lo nuevo, pero cuando ese niño —que representa lo nuevo de Dios que te vuelve a colocar en la agenda redentora del Señor— está en tus brazos, en lugar de invertir en él lo cuestionas y hasta protestas sin darte cuenta de que no estás *"criando"* lo nuevo redentor del Señor.

Ese momento amargo que atravesaste o que estás atravesando no es tu destino, es tu proceso. Por eso deja que ese momento amargo termine siendo el camino en el que Dios te vuelve a poner en sus planes y en lo nuevo que él tiene para su ti en su obra redentora, en tu vida y a través de tu vida.

Oremos juntos conforme al Salmo 51

Ten piedad de mí, oh Dios,
conforme a tu gran amor;
conforme a tu misericordia,
borra mis raíces de amargura.

Lávame de toda mi maldad
y límpiame de mi pecado.
Yo reconozco mis raíces de amargura;
siempre tengo presente mi pecado.

Yo sé que tú amas la verdad en lo íntimo;
en lo secreto me has enseñado sabiduría.

Purifícame con hisopo y quedaré limpio;
lávame de mis raíces de amargura
y quedaré más blanco que la nieve.

Anúnciame gozo y alegría;
infunde gozo en estos huesos que has quebrantado.

Crea en mí, oh Dios, un corazón limpio
de raíces de amargura
y renueva un espíritu firme dentro de mí.

No me alejes de tu presencia
ni me quites tu Santo Espíritu.

Devuélveme la alegría de tu salvación;
que un espíritu de obediencia me sostenga.

En el nombre de Jesús,

¡AMÉN!

Lectura 7

Booz, el pariente redentor que todos necesitamos en los momentos amargos

*"Por eso el pariente redentor le dijo a Booz: —Cómpralo tú. Y se quitó la sandalia. Entonces Booz proclamó ante los jefes y ante todo el pueblo: —Hoy son ustedes testigos de que le he comprado a Noemí toda la propiedad de Elimélec, Quilión y Majlón. También he tomado como esposa a Rut la moabita, viuda de Majlón, a fin de preservar el nombre del difunto con su heredad, para que su nombre no desaparezca de entre su familia ni de los registros del pueblo. ¡Hoy son ustedes testigos! Los jefes y todos los que estaban en la puerta respondieron: —Somos testigos. ¡Que el SEÑOR haga que la mujer que va a formar parte de tu hogar sea como Raquel y Lea, quienes juntas edificaron el pueblo de Israel! ¡Que seas un hombre ilustre en Efrata y que adquieras renombre en Belén! ¡Que por medio de esta joven el SEÑOR te conceda una descendencia tal que tu familia sea como la de Fares, el hijo que Tamar dio a Judá!" **Rut 4:8-12 (NVI)**

Leyendo Rut y aprendiendo de Noemí me encontré con esta verdad. Y siento que, al compartirla en este pequeño libro, es una palabra profética para la iglesia de este tiempo, para sus miembros y sus pastores y líderes.

Dios está levantando una generación de hombres y mujeres, discípulos de Jesús y obreros de la misión de Dios, que serán agentes de redención para sus propias familias. Y nos está llamando a tomar nuestro lugar como parientes redentores para nuestros hogares y parentela.

En el pueblo de Israel, el pariente redentor tenía un papel relevante que devolvía el honor y la herencia de la familia. La ley del pariente redentor en Levíticos 25 y Deuteronomio 25 son un tipo de la figura de Cristo como nuestro pariente redentor. Es interesante porque este pariente redentor es el pariente que debe ocupar ese lugar de rescate, de recuperación, de aquel pariente que ha empobrecido

Dios está levantando una generación de hombres y mujeres que serán agentes de redención para sus propias familias.

y con esa pobreza está perdiendo la herencia y la perpetuidad familiar.

Si alguien de la familia perdía sus tierras, el pariente redentor era quien debía recobrarlas.

"La tierra no se venderá a perpetuidad, porque la tierra es mía y ustedes no son aquí más que extranjeros y huéspedes. Por tanto, en el país habrá la posibilidad de recobrar todo terreno que haya sido heredad familiar. En el caso de que uno de tus compatriotas se empobrezca y tenga que vender parte de su heredad familiar, su pariente más cercano rescatará lo que su hermano haya vendido". **Levítico 25:23-25 (NVI)**

Si alguien de la familia se empobrecía, el pariente redentor era quien debía ayudarlo con lo que necesitara para que se recupere financieramente.

"Si alguno de tus compatriotas se empobrece y no tiene cómo sostenerse, ayúdalo como lo harías con el extranjero o con el residente temporal; así podrá seguir viviendo entre ustedes. No exigirás interés cuando prestes dinero, sino que temerás a tu Dios; así tu compatriota podrá seguir viviendo entre ustedes. Tampoco prestarás dinero con intereses ni le impondrás recargo a los alimentos que le fíes. Yo soy el SEÑOR su Dios, que los

*saqué de Egipto para darles la tierra de Canaán y para ser su Dios." **Levítico 25:35-38 (NVI)***

Si alguien de la familia perdía su dignidad personal al punto que se vendía a sí mismo como esclavo para sacar a su familia adelante, el pariente redentor era quien debía rescatarlo hasta devolverle su dignidad poniéndolo en libertad nuevamente.

*"Si alguno de tus compatriotas se empobrece y se ve obligado a venderse a ti, no lo hagas trabajar como esclavo. Trátalo como al jornalero o como al residente temporal que vive entre ustedes. Trabajará para ti, solo hasta el año del jubileo. Entonces lo pondrás en libertad junto con sus hijos, y podrán volver a su propia familia y a la heredad de sus antepasados". **Levítico 25:39-41 (NVI)***

*"Si un extranjero residente entre ustedes se enriquece, y uno de tus compatriotas se empobrece y tiene que venderse a ese extranjero o a un familiar de ese extranjero, no perderá su derecho a ser rescatado después de haberse vendido. Podrá rescatarlo cualquiera de sus parientes: un tío, un primo o cualquier otro de sus parientes. Y, si llegara a prosperar, él mismo podrá pagar su rescate. Él y su dueño calcularán el tiempo transcurrido, desde el año en que se vendió hasta el año del jubileo. El precio de su liberación se determinará en proporción a la paga de un jornalero por ese número de años. Si aún faltan muchos años, pagará por su rescate una suma proporcional a la que se pagó por él. Si solo faltan pocos años para el jubileo, calculará y pagará por su rescate en proporción a esos años. Ustedes vigilarán que su dueño lo trate como a los que trabajan por contrato anual, y que no lo trate con crueldad. Si tu compatriota no es rescatado por ninguno de esos medios, tanto él como sus hijos quedarán en libertad en el año del jubileo. Los israelitas son mis siervos. Yo los saqué de Egipto. Yo soy el SEÑOR su Dios." **Levítico 25:47-55***

Si un hermano fallecía y perdía su perpetuidad generacional, el pariente redentor era quien debía casarse con la viuda de su hermano y darle un hijo que lleve el nombre de su hermano, para que su nombre no desaparezca en Israel.

"Si dos hermanos viven juntos y uno muere sin dejar hijos, su viuda no se casará fuera de la familia. El hermano del esposo

la tomará y se casará con ella para cumplir con su deber de cuñado. El primer hijo que ella tenga llevará el nombre del hermano muerto para que su nombre no desaparezca de Israel. Si tal hombre no quiere casarse con la viuda de su hermano, ella recurrirá a los jefes, a la entrada de la ciudad, y dirá: «Mi cuñado no quiere mantener vivo en Israel el nombre de su hermano. Se niega a cumplir conmigo su deber de cuñado». Entonces los jefes lo llamarán y le hablarán. Si persiste en decir: «No quiero casarme con ella», la cuñada se acercará a él y, en presencia de los jefes, le quitará una de las sandalias, le escupirá en la cara y dirá: «Esto es lo que se hace con quien no quiere mantener viva la descendencia de su hermano». Y para siempre se conocerá en Israel a ese hombre y a su familia como «los descalzos»". **Deuteronomio 25:5-10**

Ser un pariente redentor implicaba la disponibilidad de incomodarse y sacrificarse a uno mismo por el bien del pariente empobrecido en sus bienes materiales, en su dignidad personal y en su perpetuidad familiar.

Jesús es nuestro pariente redentor, en la cruz él nos redimió, nos regresó el derecho a una vida en abundancia, nos dio dignidad como personas cuando éramos esclavos del pecado y venció la muerte que anulaba nuestra eternidad, dándonos acceso permanente a su presencia de generación en generación.

Jesús es nuestro pariente redentor, en la cruz él nos redimió, y nos regresó el derecho a una vida en abundancia.

"Cuando el ladrón llega, se dedica a robar, matar y destruir. Yo he venido para que todos ustedes tengan vida, y para que la vivan plenamente. Yo soy el buen pastor. El buen pastor está dispuesto a morir por sus ovejas. Así como el buen pastor está dispuesto a morir para salvar a sus ovejas, también yo estoy dispuesto a morir para salvar a mis seguidores. Nadie me quita la vida, sino que yo la entrego porque así lo quiero." **Juan 10:10-18 (BLS)**

"Ya conocen la gracia de nuestro Señor Jesucristo, quien era

rico y por causa de ustedes se hizo pobre, para que mediante su pobreza ustedes llegaran a ser ricos." **2 Corintios 8:9 (NVI)**

Antes de recibir esa circuncisión, ustedes estaban muertos en sus transgresiones. Sin embargo, Dios nos dio vida en unión con Cristo, al perdonarnos todos los pecados y anular la deuda que teníamos pendiente por los requisitos de la Ley. Él anuló esa deuda que nos era adversa, clavándola en la cruz. Desarmó a los poderes y a las autoridades y, por medio de Cristo, los humilló en público al exhibirlos en su desfile triunfal." **Colosenses 2:13-15 (NVI)**

Y es en Jesucristo que hoy nosotros como hijos de Dios somos llamados a ser parientes redentores de nuestras casas y parentela.

Encontramos en Booz, como pariente redentor de Noemí, un modelo a seguir si decidimos que somos responsables por hacer todo lo que esté a nuestro alcance para llevar la redención a nuestro cónyuge, hijos, abuelos, tíos, primos y a toda nuestra parentela.

Permíteme identificar tres virtudes en Booz que lo llevaron a ser el pariente redentor que Noemí necesitaba.

Booz encontró en su historia familiar la intervención redentora de Dios

"Mas Josué dijo a los dos hombres que habían reconocido la tierra: Entrad en casa de la mujer ramera, y haced salir de allí a la mujer y a todo lo que fuere suyo, como lo jurasteis. Y los espías entraron y sacaron a Rahab, a su padre, a su madre, a sus hermanos y todo lo que era suyo; y también sacaron a toda su parentela, y los pusieron fuera del campamento de Israel. Y consumieron con fuego la ciudad, y todo lo que en ella había; solamente pusieron en el tesoro de la casa de Jehová la plata y el oro, y los utensilios de bronce y de hierro. Mas Josué salvó la vida a Rahab la ramera, y a la casa de su padre, y a todo lo que ella tenía; y habitó ella entre los israelitas hasta hoy, por cuanto escondió a los mensajeros que Josué había enviado a reconocer a Jericó." **Josué 6:22-25 (RVR 1960)**

Booz era el hijo de Salmón y Rahab, la prostituta que fue

rescatada junto con su familia en la conquista de Jericó. Una prostituta que rehízo su vida casándose con un muchacho de Belén, llamado Salmón. Por ello en la genealogía del Señor Jesús, Mateo dice *"Salmón engendró de **Rahab** a Booz, Booz engendró de Rut a Obed..." **(Mateo 1:5 RVR 1960)***

Imagino que Booz debe haber escuchado infinidad de veces mientras crecía la historia de Josué capítulo 6. Pero no como un estudio bíblico en la iglesia sino como la historia que su mamá, su papá, sus abuelos y aun la gente del pueblo le contaban una y otra vez, cómo se salvaron el día que Jericó fue destruida. Para nosotros es una historia bíblica, pero para Booz era una memoria familiar que le recordaba una y otra vez como Dios estuvo involucrado en la historia de su propia familia.

Para ser un pariente redentor es importante volver a las memorias de nuestra historia familiar y descubrir esos momentos en los que encontramos a Dios obrando redentivamente a favor de nuestra familia. Porque solo cuando conectamos nuestro bienestar del presente con las memorias de un Dios redentor en nuestro pasado, es que tenemos la humidad y el valor de incomodarnos por el bien de nuestros familiares.

Mi esposa Mónica tiene memorias de escuchar a su abuela Pepa que oraba en las madrugadas para que todos sus hijos apartados de Dios vuelvan a los caminos del Señor. Y también recuerda escuchar a su abuela diciéndole que Dios la usaría grandemente. Y cuando ella piensa en el día que ella a los quince años, junto con su mamá, su tía y sus hermanas llegaron a la iglesia, escucharon el mensaje de salvación y aceptaron a Cristo como su Señor y Salvador, siempre lo conecta con las oraciones diarias de su abuela para que la familia regrese a Cristo. Es más, cuando sus hermanos en la adolescencia y juventud se apartaron del Señor, mi esposa nunca dejó de orar por ellos y procurar hablarles de Cristo, porque en su historia había una memoria redentora muy

> *Cuando conectamos nuestro bienestar del presente con las memorias de un Dios redentor en nuestro pasado, es que tenemos la humidad y el valor de incomodarnos por el bien de nuestros familiares.*

clara: su abuela había orado por décadas por la salvación de sus generaciones y su vida hoy era el resultado de esas oraciones. Así que estaba convencida de que sus hermanos también serían alcanzados por esas oraciones.

Yo tengo memorias de un Dios redentor que salvó a mi familia. Aurora es el nombre de mi mamá y ella nos ha contado innumerables veces cómo sus padres, inmigrantes italianos en Argentina se encontraron con Jesucristo y la salvación llegó a nuestra familia por allá por el 1942, cuando Dios hizo un milagro sobrenatural en su cuerpo.

Cuando mamá nació no tenía piel, sufría una rara enfermedad cuyo nombre científico es *aplasia cutis congénita*. Los doctores les informaron a mis abuelos que cuando alguien nace sin piel no vive muchos años. Así que mi abuelo la llevó a cuanto lugar le dijeron que podían curarla. Y además hizo todo lo que le decían que hiciera para que se curara de ese mal.

Mi mama suele decir que ella tiene imágenes en su mente de cómo le vendaban las manos para que no se rascara. Y en sus propias palabras, ella relata que su mentón era como una canillita de sangre y que la ropa se le pegaba a la carne sin piel así que no la podían vestir, solo la envolvían en una manta con mucho cuidado.

Un día, Blas, el hermano mayor de mi mamá, que por aquel entonces era un adolescente, trabajaba en el abasto de Buenos Aires. Llegó a su trabajo llorando y su jefe le preguntó que le pasaba. Entonces mi tío le contó lo que ocurría con su hermanita pequeña y que había sido desahuciada por los médicos, y que tenía pocos meses de vida. El jefe de mi tío le sugirió que, ya que habían intentado todo y nada había funcionado, intentaran llevar a mi mamá a su iglesia para que oren por ella. Así que esa misma semana mis abuelos llegaron con mi mamá de un poco más de un año a la Asamblea Cristiana de Villa Devoto con el pastor Ricardo Luci.

Yo no tuve la oportunidad de convivir mucho con mi abuelo Vito, el papá de mi mamá, porque falleció cuando yo era un niño. Así que no pude escuchar esta historia de su propia boca. Pero dice mi mamá que mi abuelo le contaba la historia del milagro que Dios hizo en su vida, y cómo aquel jueves la llevaron a la iglesia y el pastor oró por ella. Y cuando regresaron a la casa, mis abuelos se dieron cuenta de que el cuerpo de mi mamá estaba seco, porque vertía sangre todo el tiempo y era carne viva, pero ahora la carne sin piel estaba seca. Y que el primer pensamiento de mi abuelo fue que mi mamá iba a quedar como un monstruo. Pasó el viernes y llegó el sábado y mi mamá seguía igual con su carne seca, aunque sin piel.

El domingo volvieron a la iglesia nuevamente y el pastor vio la mejoría del cuerpo de mi mamá. Y llamando a un grupo de diáconos de la iglesia, oraron por ella nuevamente ungiéndola con aceite. Y contaba mi abuelo que, cuando terminaron de orar, mi mamá tenía piel en todo su cuerpo. Un milagro había ocurrido. Ese milagro fue el que llevó a mis abuelos y a mi mamá y sus hermanos y hermanas y rendir sus vidas a Cristo.

Mientras escribo esta historia mi madre tiene 83 años y, hasta el día de hoy su piel, como a ella misma le gusta decir, es aterciopelada. Y es la admiración de quienes la conocen, llamándoles la atención la piel tan suave que tiene. Y como imaginarán, cada vez que alguien le menciona de la suavidad de su piel, la historia del milagro que salvó a toda nuestra familia vuelve a ser contada.

Y entonces, como el salmista puedo decir que en nuestra casa: *"Oh Dios, nuestros oídos han oído y nuestros antepasados nos han contado las proezas que realizaste en sus días, en aquellos tiempos pasados" (Salmos 44:1 NVI).*

Esas proezas de Dios las quiero seguir recopilando en nuestra historia como familia, esas intervenciones divinas que nos hacen una familia redimida. Porque cuando mantenemos vivas esas historias de la intervención redentora de Dios en nuestra historia como familia, es que podemos tener un corazón disponible para ser parientes redentores para nuestros familiares.

Booz dejó que su pariente entrara y se sirviera de su bienestar

"Rut salió y comenzó a recoger espigas en el campo, detrás de los segadores. Y dio la casualidad de que el campo donde estaba trabajando pertenecía a Booz, el pariente de Elimélec. Así que Rut recogió espigas en el campo hasta el atardecer.

*Luego desgranó la cebada que había recogido, la cual pesó casi un efa. La cargó de vuelta al pueblo y su suegra vio cuánto traía. Además, Rut entregó a su suegra lo que le había quedado después de haber comido hasta quedar satisfecha. Su suegra preguntó: —¿Dónde recogiste espigas hoy? ¿Dónde trabajaste? ¡Bendito sea el hombre que se fijó en ti! Entonces Rut contó a su suegra acerca del hombre con quien había estado trabajando. Le dijo: —El hombre con quien hoy trabajé se llama Booz. —¡Que el SEÑOR lo bendiga! —exclamó Noemí delante de su nuera—. El SEÑOR no ha dejado de mostrar su fiel amor hacia los vivos y los muertos. Ese hombre es nuestro pariente cercano; es uno de los parientes que nos pueden redimir." **Rut 2:3, 17-20 (NVI)***

Para ser el pariente redentor que Noemí necesitaba en el momento más amargo de su vida, Booz permitió que Noemí, a través de Rut, se sirviera de su bienestar. Dejó que Rut entrara cada día a su campo para recoger el alimento que necesitaban ella y su suegra.

Booz estaba al tanto de lo que pasaba con su parienta Noemí

Esto pasó porque cuando Booz se encontró con esa muchacha en su campo recogiendo espigas, él ya conocía lo que le estaba pasando a Noemí, su parienta. Es interesante que él vio a Rut en su campo y preguntó: *"—¿De quién es esa joven?" (**Rut 2:5 NVI**)* Y cuando le dijeron de quién se trataba, él ya sabía todo lo que le había pasado a Noemí y cómo Rut se había comportado con su suegra, por eso le dijo a Rut: *"—Ya me han contado —respondió Booz— todo lo que has hecho por tu suegra desde que murió tu esposo; cómo dejaste padre y madre, y la tierra donde naciste, y viniste a vivir con un pueblo que antes no conocías" (**Rut 2:11**).*

Para ser el pariente redentor que los miembros de nuestra familia necesitan, debemos estar al tanto de lo que está pasando en sus vidas. Muchas veces nosotros los cristianos queremos ganar el mundo para Cristo y conocemos todos los males de nuestra ciudad, conocemos la vida y lo que les pasa a los hermanos y hermanas de la iglesia, pero ignoramos lo que le pasa a nuestro cónyuge, a nuestros propios hijos y hermanos. Y ni hablar de nuestra parentela extendida, como tíos, abuelos y sobrinos. Queremos entrar a la casa de la gente en nuestra ciudad que muchas veces nos cierran la puerta en la cara, pero en las casas de nuestros parientes, donde tenemos las puertas abiertas, nunca simplemente pues no tenemos tiempo para estar con ellos.

Y cuando sabes lo que están viviendo, debes decidir qué vas a hacer con esa información. Porque hay un momento en el que la crisis de tu pariente se va a cruzar con tu éxito, y su amargura con toda su miseria se va a encontrar con el gozo de tu prosperidad. Eso es lo que ocurrió en el momento que *"Rut salió y comenzó a recoger espigas en el campo, detrás de los segadores. Y dio la casualidad de que el campo donde estaba trabajando pertenecía a Booz, el pariente de Elimélec." **(Rut 2:3 NVI)***

Y cuando esto pase con tus parientes, ¿qué vas a hacer?

Booz decidió que su pariente se sirviera de su éxito y de su prosperidad. Por eso, cuando la amargura de Noemí se cruzó con el gozo de Booz, él le abrió las puertas de su bienestar a Noemí diciéndole a Rut: *"—Escucha, hija mía. No vayas a recoger espigas a otro campo ni te alejes de aquí. Quédate junto a mis criadas, fíjate bien en el campo donde se esté cosechando y síguelas" **(Rut 2:8-9 NVI)**.*

Ahora, para que Noemí y Rut pudieran experimentar restauración en donde la gracia de Dios era evidente, Booz hizo tres cosas muy importantes: les dio la bienvenida, las trató con dignidad y proveyó un lugar seguro.

Booz las hizo sentirse bienvenidas

"Usted ha sido muy amable conmigo, me ha hecho sentir bienvenida, aunque ni siquiera soy como una de sus criadas." **Rut 2:13 (PDT)**

La narrativa de la primera conversación entre Booz y Rut, construida entre la Nueva Versión Internacional y La Palabra de Dios para Todos, se lee de la siguiente manera:

"Rut se inclinó, se postró rostro en tierra y exclamó: —Estoy sorprendida de que usted tan siquiera haya notado que estoy aquí. ¿Cómo es que le he caído tan bien a usted, hasta el punto de fijarse en mí, siendo solo una extranjera? ¿Por qué es usted

tan amable conmigo? —Ya me han contado —respondió Booz—
todo lo que has hecho por tu suegra desde que murió tu esposo;
cómo dejaste padre y madre, y la tierra donde naciste, y viniste
a vivir con un pueblo que antes no conocías. ¡Que el SEÑOR
te recompense por lo que has hecho! Que el SEÑOR, Dios de
Israel, bajo cuyas alas has venido a refugiarte, te lo pague
con creces. —¡Ojalá siga yo siendo de su agrado, mi señor!
—contestó ella—. Usted me ha consolado y me ha hablado con
cariño. Usted ha sido muy amable conmigo, me ha hecho sentir
bienvenida, aunque ni siquiera soy como una de sus criadas."
Rut 2:10-13

Booz no recibió a Noemí y Rut quejándose, juzgando sobre algún posible pecado por el cual se murió el esposo de Noemí o cuestionando las razones por las que se fue a Moab con su familia. Tampoco la trató con soberbia como si él fuera el salvador y Rut y su suegra las necesitadas de él.

Aquellos que tienen el complejo de salvadores tratan a los demás, incluso a sus parientes, como si fueran inferiores, y por eso todos los demás les caen mal, porque creen que los demás están cerca porque quieren aprovecharse de lo que tienen. Tienden a ignorar a los demás porque ellos son el centro del universo. Suelen ser bastante antipáticos y desagradables en su trato hacia su prójimo, especialmente con el que tiene menos que ellos o que está en necesidad. Juzgan al que la está pasando mal y señalan sus defectos y errores. Maldicen con sus palabras como si fueran jueces de la vida y condición del otro que está atravesando un momento amargo. Cuando le hablan al que les pide ayuda o busca recibir algo de la gracia de Dios en sus vidas, la rudeza de sus palabras maltrata y genera angustia y desánimo.

Pero Booz no era así. Era distinto, así como nuestros parientes necesitan que nosotros seamos distintos para poder ser para ellos ese pariente redentor a través de quien puedan acercarse a la gracia restauradora de Dios en sus vidas.

> *Nuestros parientes necesitan que nosotros seamos como Booz, ese pariente redentor a través de quien puedan acercarse a la gracia restauradora de Dios en sus vidas.*

Rut y Noemí se sintieron bienvenidas porque Booz notó que Rut estaba presente, la hizo sentir que era una persona aceptada tal como era y por quién era. Además, fue amable con Rut y reconoció y celebró las virtudes y acciones. Y como si eso no fuera suficiente, bendijo a Rut y le habló con cariño, al punto que con sus palabras Rut se sintió consolada.

Nota las acciones de Booz que dieron la bienvenida a Rut y a Noemí:

1. Notó que Rut estaba presente – "Estoy sorprendida de que usted tan siquiera haya notado que estoy aquí"

2. Le hizo sentir a Rut que era una persona aceptada tal como era y por quién era – "¿Cómo es que le he caído tan bien a usted …?"

3. Fue amable con Rut – "¿Por qué es usted tan amable conmigo? Usted ha sido muy amable conmigo"

4. Reconoció y celebró las virtudes y acciones de Rut – "Ya me han contado —respondió Booz— todo lo que has hecho por tu suegra desde que murió tu esposo; cómo dejaste padre y madre, y la tierra donde naciste, y viniste a vivir con un pueblo que antes no conocías"

5. Bendijo a Rut – "¡Que el SEÑOR te recompense por lo que has hecho! Que el SEÑOR, Dios de Israel, bajo cuyas alas has venido a refugiarte, te lo pague con creces"

6. Le habló con cariño – "y me ha hablado con cariño"

7. Consoló a Rut con sus palabras – "Usted me ha consolado"

¿Cuál es tu actitud y cuáles son tus acciones frente a tus parientes en crisis mientras tú eres prosperado y bendecido por el Señor?

Si vamos a ser parientes redentores para nuestra familia, debemos asegurarnos de que nuestra actitud sea como la de Booz, y a través de nuestras acciones y palabras les hagamos sentir que son recibidos con agrado y que hay júbilo y alegría en nuestro corazón de poder servirlos con nuestros bienes materiales, emocionales y espirituales mientras atraviesan el momento amargo.

Trató a Rut con dignidad

"A la hora de comer, Booz le dijo: —Ven acá. Sírvete pan y moja tu bocado en el vinagre. Cuando Rut se sentó con los segadores, Booz le ofreció grano tostado. Ella comió, quedó satisfecha y hasta le sobró. Después, cuando ella se levantó a recoger espigas, él dio estas órdenes a sus criados: —Aun cuando saque espigas de las gavillas mismas, no la hagan pasar vergüenza. Más bien, dejen caer algunas espigas de los manojos para que ella las recoja, ¡y no la reprendan!" **Rut 2:14-16 (NVI)**

Esta es una escena conmovedora en la que Booz demostró un profundo respeto y consideración hacia Rut, una extranjera moabita que buscó sustento en su campo. Booz no solo permitió que Rut recoja las espigas para alimentarse a sí misma y a su suegra Noemí, sino que fue más allá en su hospitalidad y generosidad.

Sentó a Rut a su mesa

Al invitarla a su mesa, Booz reconoció la dignidad de Rut como persona y la trató con el honor que merecía, independientemente de su origen o situación. La acción de Booz al decir: *"Ven acá. Sírvete pan y moja tu bocado en el vinagre"* es significativa. Este gesto sencillo, pero lleno de simbolismo, indica una aceptación y bienvenida plena. Booz no la trató como a una simple recolectora, sino que la elevó al nivel de sus propios trabajadores, permitiéndole compartir la misma comida. En una cultura donde las diferencias de estatus social eran marcadas, Booz rompió barreras y mostró un ejemplo de amor y respeto que trascendió las convenciones sociales de su tiempo.

Cuidó que Rut no pase vergüenza ni sea reprendida

Además, Booz instruyó a sus criados de manera explícita para que no humillen a Rut: *"Aun cuando saque espigas de las gavillas mismas, no la hagan pasar vergüenza".* Este mandato no solo protegió a Rut de la vergüenza y el reproche, sino que también refleja un corazón compasivo y justo. Booz se aseguró de que Rut pueda trabajar con dignidad, sin temor a ser menospreciada por su condición de extranjera y viuda. Su acción es un claro reflejo de la justicia y la misericordia de Dios, que valora a cada individuo por igual.

> *La acción de Booz es un claro reflejo de la justicia y la misericordia de Dios, que valora a cada individuo por igual.*

Fue generoso con Rut

La instrucción adicional de Booz, *"Más bien, dejen caer algunas espigas de los manojos para que ella las recoja, ¡y no la reprendan!",* subraya aún más su generosidad y cuidado. Booz no solo le ofreció a Rut lo suficiente para subsistir, sino que también aseguró que tenga un excedente, garantizando que ella y Noemí estén bien provistas. Este acto de bondad revela un espíritu de abundancia y provisión, recordándonos que la verdadera caridad no se limita a dar lo mínimo necesario, sino que busca proporcionar con generosidad y amor.

En conjunto, la conducta de Booz hacia Rut nos ofrece un modelo poderoso de cómo debemos tratar a los demás dándoles dignidad como personas, especialmente a aquellos que están en situaciones vulnerables, y en particular a nuestros parientes. La dignidad humana debe ser reconocida y honrada, independientemente de las circunstancias. Al igual que Booz, estamos llamados a actuar con justicia, misericordia y compasión, reflejando así el corazón de Dios como parientes redentores en nuestras familias, así como en nuestras relaciones y comunidades.

Le dio seguridad a Rut

"Ya les ordené a los criados que no te molesten. Y, cuando tengas sed, ve adonde están las vasijas y bebe del agua que los criados hayan sacado ... Rut, la moabita, añadió: —Incluso me dijo que

*me quedara allí junto a sus criados hasta que terminaran de recogerle toda la cosecha. —Hija mía, te conviene seguir con sus criadas —dijo Noemí—, para que no se aprovechen de ti en otro campo. Así que Rut se quedó junto a las criadas de Booz para recoger espigas hasta que terminó la cosecha de la cebada y del trigo." **Rut 2:8, 21-23 (NVI)***

Finalmente observamos otro aspecto significativo del carácter de Booz como pariente redentor que está disponible para que su familia se sirva de la gracia de Dios en su vida: su compromiso con la seguridad y el bienestar de Rut.

Después de invitarla a compartir la comida y proteger su dignidad, Booz fue un paso más allá al asegurarle un entorno seguro en el cual trabajar para salir adelante. Este cuidado adicional refuerza el mensaje de respeto y protección que Booz demostró hacia Rut.

Booz tomó medidas explícitas para proteger a Rut, diciéndole: *"Ya les ordené a los criados que no te molesten. Y, cuando tengas sed, ve adonde están las vasijas y bebe del agua que los criados hayan sacado".* Este mandato no solo protegió a Rut de posibles abusos o acoso, sino que también le brindó acceso a las mismas comodidades que sus trabajadores. En una época y cultura donde las mujeres, especialmente las extranjeras y vulnerables, podían ser fácilmente explotadas y abusadas, la acción de Booz destaca por su sensibilidad y cuidado hacia Rut.

La respuesta de Rut a Noemí refleja la profundidad de la protección y provisión que Booz le ofreció: *"Incluso me dijo que me quedara allí junto a sus criados hasta que terminaran de recogerle toda la cosecha".* Este permiso de quedarse hasta el final de la cosecha no solo aseguraba un sustento continuo para Rut y Noemí, sino que también le proporcionaba un lugar seguro y estable durante un período prolongado. La estabilidad y seguridad son esenciales para cualquier persona en situación de vulnerabilidad que atraviesa momentos difíciles y amargos como el de Noemí y Rut. Y Booz se aseguró de que Rut las tuviera.

La sabiduría de Noemí se manifestó cuando aconsejó a Rut: *"Hija mía, te conviene seguir con sus criadas, para que no se aprovechen de ti en otro campo".* Noemí reconoció la bondad y la protección que Booz ofreció, y sabe que otros campos pueden no ser tan seguros para Rut. Este consejo subraya la importancia de la seguridad y el bienestar en el trabajo y en la vida diaria. Rut siguió este consejo, quedándose con las criadas de Booz hasta el final de la cosecha de cebada y trigo, asegurando así un entorno protegido y un suministro constante de alimento.

Debemos considerar cómo podemos ser protectores y defensores de aquellos que están en situaciones de necesidad, asegurándonos que tengan lo necesario para sobrevivir en un entorno seguro.

Booz nos enseña valiosas lecciones sobre la importancia de crear espacios seguros para los más vulnerables entre nuestros parientes y, por qué no decirlo, entre nuestras comunidades de fe. La provisión de Booz no se limita solo a satisfacer las necesidades físicas inmediatas de Rut, sino que también incluye la provisión de seguridad y respeto. Este ejemplo nos desafía a considerar cómo podemos ser protectores y defensores de aquellos que están en situaciones de necesidad, asegurándonos que no solo tengan lo necesario para sobrevivir, sino que también tengan un entorno donde puedan prosperar sin temor a la explotación o el abuso.

Booz como pariente redentor nos invita a reflexionar sobre nuestro propio papel en nuestras familias, en nuestra comunidad y en el ministerio. Estamos llamados a ser como Booz, dando la bienvenida, creando y defendiendo espacios seguros y dignos para nuestros parientes y hermanos en la fe, especialmente para los que son más vulnerables. Al hacerlo, reflejamos el amor y la justicia de Dios, asegurando que puedan vivir y trabajar con dignidad y seguridad mientras salen adelante atravesando los momentos difíciles que atraviesan.

Booz decidió que quería ser el pariente redentor de Noemí

"Además, ¿acaso Booz, con cuyas criadas has estado, no es nuestro pariente? ... A medianoche Booz se despertó

sobresaltado y, al darse vuelta, descubrió que había una mujer acostada a sus pies. —¿Quién eres? —preguntó. —Soy Rut, su sierva. Extienda sobre mí el borde de su manto ya que usted es un pariente que me puede redimir ... Y ahora, hija mía, no tengas miedo. Haré por ti todo lo que me pidas ... Ahora bien, aunque es cierto que soy un pariente que puede redimirte, hay otro más cercano que yo. Quédate aquí esta noche. Mañana, si él quiere redimirte, está bien que lo haga. Pero si no está dispuesto a hacerlo, ¡tan cierto como que el SEÑOR vive, te aseguro que yo te redimiré! Ahora acuéstate aquí hasta que amanezca". **Rut 3:2,10-13 (NVI)**

En el contexto de la historia de Rut, mientras aprendemos de Noemí, Booz emergió como una figura de gran significancia redentora. En los capítulos 3 y 4 del libro de Rut, encontramos que Booz no solo actuó como el pariente redentor necesario para Noemí y Rut, sino que su disposición para pagar el precio de la redención revela profundas lecciones sobre la verdadera compasión y el sacrificio en el compromiso de ser un pariente redentor.

Al comienzo de esta lectura del libro, y pensando seriamente sobre la necesidad de ser un pariente redentor para nuestros propios familiares en tiempo de crisis, mencioné la realidad de que ser un pariente redentor implica la disponibilidad de incomodarse y estar disponible para correr riesgos a favor del rescate y restauración de ese pariente que atraviesa el momento amargo.

> *La realidad de ser un pariente redentor implica la disponibilidad de incomodarse y estar disponible para correr riesgos a favor del rescate y restauración de ese pariente.*

Bueno, este es el momento en que Booz nos enseña que no solo tenía un corazón que ama redentivamente, sino que era un hombre generoso que permitió que Rut y Noemí se sirvieran de sus bienes. Pero que además decidió involucrar su persona, no solo sus bienes y su ayuda, como un agende redentor para Noemí y para Rut. Y decidió ser el pariente redentor que finalmente rescate a Noemí de la miseria en la que había caído al perder a su esposo y sus dos hijos.

Por eso, cuando Rut, siguiendo las instrucciones de Noemí, se recostó junto a Booz —quien se despertó a la medianoche en aquel granero donde se había quedado dormido por la borrachera que tenía—, *le pidió "extienda sobre mí el borde de su manto, ya que usted es un pariente que me puede redimir" (Rut 3:9 NVI).*

Él respondió así: *"Y ahora, hija mía, no tengas miedo. Haré por ti todo lo que me pidas. Todo mi pueblo sabe que eres una mujer de noble carácter. Ahora bien, aunque es cierto que soy un pariente que puede redimirte, hay otro más cercano que yo. Quédate aquí esta noche. Mañana, si él quiere redimirte, está bien que lo haga. Pero si no está dispuesto a hacerlo, ¡tan cierto como que el SEÑOR vive, te aseguro que yo te redimiré!" (Rut 3:10–13 NVI).*

Este momento mostró la valentía de Rut al acercarse a Booz en la era de la cosecha. Ella no solo buscó la seguridad para sí misma, sino también para su suegra Noemí, que estaba en una situación de vulnerabilidad extrema. Además, al acercarse a Booz en la oscuridad de la noche, Rut también puso en evidencia su confianza en la justicia y la integridad de este hombre. La actitud de Rut, al buscar la redención de su familia, resalta la necesidad de hombres y mujeres de Dios que, como Booz, estén dispuestos a tomar riesgos por el bien de otros.

La entrega de Booz revela un carácter que trasciende el simple cumplimiento del deber, es el reflejo de un corazón dispuesto al sacrificio.

Al recibir la propuesta de Rut, Booz demostró una actitud de humildad y responsabilidad. A pesar de que él podría haber optado por ignorar la petición o buscar excusas, Booz respondió con generosidad y un sentido profundo de deber. En lugar de ver a Rut y Noemí como una carga, él reconoció la oportunidad de actuar con misericordia. Su disposición para redimir a Rut y a Noemí revela un carácter que trasciende el simple cumplimiento del deber; es el reflejo de un corazón dispuesto a sacrificar su comodidad por el bienestar de otros.

Booz sabía que había alguien antes que él en la línea de pariente redentor, que podría comprar las propiedades de Noemí para redimirla. Pero también sabía que comprar las tierras de Noemí, implicaba casarse con Rut y conservar el nombre de su difunto marido, así como su heredad. Así que había un sacrificio y una incomodidad personal implícitos para redimir a Noemí.

Pero Booz estaba decido a ser el pariente redentor. Y si él no podía serlo, al menos quería asegurarse de que quien pudiera redimirlas como pariente lo hiciera. Una decisión como esta es la que llevó a Booz a hacerle la promesa a Rut de que ella y su suegra serían redimidas. Y a no descansar hasta resolver el asunto *"ese mismo día"*. Para eso tuvo que darle prioridad en su agenda de vida.

El día era un día de trabajo, seguramente tenía planes y asuntos que tratar, pero había tomado la decisión de redimir y había hecho una promesa a Rut. Así que *"Booz, por su parte, subió hasta la puerta de la ciudad y se sentó allí"* **(Rut 4:1 NVI)** a esperar que pasara el pariente que podía redimir a Noemí y a Rut.

Y cuando finalmente ese pariente llegó, la conversación que ellos tuvieron revela el contraste entre un pariente que debía redimir, pero no quiere perjudicarse por lo que se niega a hacerlo, y aquel —Booz— que sí está dispuesto a asumir las implicaciones del caso.

"En eso pasó el pariente, que él había mencionado, responsable de redimirlas. —Ven acá, amigo mío, y siéntate —dijo Booz. El hombre fue y se sentó. Entonces Booz llamó a diez de los jefes de la ciudad y les dijo: —Siéntense aquí. Y ellos se sentaron. Booz dijo al pariente redentor: —Noemí, que ha regresado de la tierra de Moab, está vendiendo el terreno que perteneció a nuestro hermano Elimélec. Consideré que debía informarte del asunto y sugerirte que lo compres en presencia de estos testigos y de los jefes de mi pueblo. Si vas a comprar el terreno, hazlo. Pero si no lo vas a comprar, dímelo, para que yo lo sepa. Porque ningún otro tiene el derecho de redimirlo, sino tú y, después de ti, yo tengo ese derecho. —Yo lo redimo —contestó. Pero Booz aclaró: —El día que adquieras el terreno de Noemí, adquieres también a Rut la moabita, viuda del difunto, a fin de conservar su nombre junto con su heredad. —Entonces no

*puedo redimirlo —respondió el pariente redentor—, porque podría perjudicar mi propia herencia. Redímelo tú; te cedo mi derecho. Yo no puedo ejercerlo. En aquellos tiempos, para ratificar el rescate o el traspaso de una propiedad en Israel, una de las partes contratantes se quitaba la sandalia y se la daba a la otra. Así se acostumbraba a legalizar los contratos en Israel. Por eso el pariente redentor le dijo a Booz: —Cómpralo tú. Y se quitó la sandalia. Entonces Booz proclamó ante los jefes y ante todo el pueblo: —Hoy son ustedes testigos de que le he comprado a Noemí toda la propiedad de Elimélec, Quilión y Majlón. También he tomado como esposa a Rut la moabita, viuda de Majlón, a fin de preservar el nombre del difunto con su heredad, para que su nombre no desaparezca de entre su familia ni de los registros del pueblo. ¡Hoy son ustedes testigos!" **Rut 4:1-10 (NVI)**

Este momento tenso, pero arropado por la intensidad de un corazón redentivo, subraya aún más la disposición de Booz al revelarse como un pariente redentor que está dispuesto a asumir el costo de la redención. Al ir a la puerta de la ciudad y presentar el caso ante los ancianos y el pariente más cercano, Booz no solo actuó con integridad legal, sino también con una clara voluntad de asumir el precio que implica la redención. Su acción demostró que el verdadero ministerio de la redención no es sólo una cuestión de habilidad o de posición, sino de disposición a hacerse cargo de las cargas de otros.

El verdadero cuidado de las personas a menudo implica sacrificio personal y una disposición a asumir dificultades.

En este acto de redención, Booz refleja el ideal de estar dispuesto a "incomodarse" por el bienestar de aquellos a quienes se sirve. La disposición de Booz a pagar el precio de la redención, incluso frente a la posibilidad de no ser el primero en la línea de los herederos, ilustra un principio esencial: el verdadero cuidado de las personas a menudo implica sacrificio personal y una disposición a asumir dificultades.

El acto de Booz no solo tuvo implicaciones prácticas en la vida de Rut y Noemí, sino que también ofrece una lección espiritual profunda. Al redimir a Rut, Booz se convirtió en un símbolo de la redención divina que Cristo ofrece a la humanidad. Así como Booz estuvo dispuesto a pagar el precio por la redención de Rut y Noemí, Cristo se ofreció a sí mismo como el sacrificio perfecto para nuestra redención.

En la vida, la figura de Booz nos invita a examinar nuestra disposición a "redimir" a otros en nuestras propias familias. Nos desafía a considerar cuánto estamos dispuestos a sacrificar por el bienestar de aquellos parientes en situaciones vulnerables, y cómo nuestras acciones reflejan el amor sacrificial de Cristo.

Finalmente, el ejemplo de Booz nos recuerda que la redención y la verdadera comunidad se construyen a través de actos de amor desinteresado y sacrificio. En nuestra vida y ministerio, estamos llamados a seguir su ejemplo no solo en palabras, sino también en acciones concretas que reflejen el profundo amor y la compasión de nuestro Salvador.

Que el ejemplo de Booz te invite a vivir con un corazón dispuesto a servir y a redimir, siguiendo el camino que Cristo ha trazado para ti.

Booz nos ofrece un modelo a seguir en el ministerio de ser parientes redentores para nuestra parentela: una persona dispuesta a incomodarse, a pagar el precio y a actuar con integridad y amor, en busca del bienestar y la redención de los demás.

Espero que el ejemplo de Booz en la historia de Noemí te permita descubrir ese pariente redentor en tu vida, y en tu momento de vida, y te invite a vivir como un pariente redentor con un corazón dispuesto a servir y a redimir, siguiendo el camino que Cristo ha trazado para ti.

Oremos juntos conforme a Rut 2:12-13 e Isaías 58:10-12:

Padre Celestial, bendigo a
(nombre de tu pariente redentor)
¡Que tú lo premies por todo
lo que ha hecho por mí!

¡Que tú, Señor, le hagas mucho bien!
¡Muchas gracias, Señor!
Porque es muy bueno conmigo
y me ha hecho sentir bien.

Ayúdame a ser pariente redentor
para mi familia
y para mis hermanos
y hermanas en Cristo,

A ofrecer mi pan al hambriento
y ayudar a los que sufren.
A brillar como luz en la oscuridad,
como la luz del mediodía.

Guíame constantemente,
dame agua en el calor del desierto,
dale fuerzas a mi cuerpo,
y que yo sea como un jardín bien regado,
como una corriente de agua.

Reconstruye las ruinas antiguas de mi persona,
refuerza los cimientos antiguos de mi vida,
y permíteme ser llamado:
"reparador de muros caídos",
"reconstructor de casas en ruinas".

En el nombre de Jesús,

¡AMÉN!

Lectura 8

Noemí, una mentora de vida a pesar de su momento amargo

> *"Una vez más alzaron la voz, deshechas en llanto. Luego Orfa se despidió de su suegra con un beso, pero Rut se aferró a ella. —Mira —dijo Noemí—, tu cuñada se vuelve a su pueblo y a sus dioses. Vuélvete con ella. Pero Rut respondió: «¡No insistas en que te abandone o en que me separe de ti! Porque iré adonde tú vayas y viviré donde tú vivas. Tu pueblo será mi pueblo y tu Dios será mi Dios. Moriré donde tú mueras y allí seré sepultada. ¡Que me castigue el SEÑOR con toda severidad si me separa de ti algo que no sea la muerte!». **Rut 1:14-17 (NVI)***

Rut encontró en Noemí, su suegra, alguien a quien ella decidió seguir. Al punto que cuando Noemí la quiso convencer de que regresara a la casa de sus padres y rehiciera su vida de nuevo, ella le pidió a su suegra que no insistiera en que se separe de ella. ¿Por qué? Porque en Noemí había encontrado un lugar adonde dirigirse y vivir, un pueblo al que pertenecer y un Dios a quien adorar. Por eso Rut eligió quedarse con Noemí y hasta se atrevió a decir: *"Moriré donde tú mueras y allí seré sepultada. ¡Que me castigue el SEÑOR con toda severidad si me separa de ti algo que no sea la muerte!"*

Esto habla definitivamente del impacto y la influencia que Noemí había tenido sobre la persona de Rut, más allá de ser su suegra. Rut encontró en Noemí una persona que quería que siguiera influenciando su vida, un referente. Y finalmente Noemí entendió esta elección de Rut; al final del día, la relación entre un líder de vida y aquel que está discipulando es una elección y un acuerdo recíproco, donde el pupilo elige al mentor y el mentor elige al pupilo.

Ahora, quizá lo normal sería hablar de la persona que mentoreó a Noemí en el momento más amargo de su vida para que no terminara siendo una amargada. Pero, muy por el contrario, me encontré con una Noemí que, a pesar de su momento amargo, llegó a ser una mentora para Rut.

Nosotros los pastores, los que estamos convocados a liderar en la iglesia de Cristo, somos personas que fuimos llamadas, no simplemente a liderar una institución, sino a liderar vidas. Y para mí eso marca toda la diferencia.

Los que me conocen saben que permanentemente hago una diferencia entre el liderazgo institucional u organizacional y lo que yo llamo el liderazgo de vida. Uno puede pastorear una iglesia o liderar un ministerio dentro del contexto de la organización de la iglesia a través de un liderazgo institucional, enfocado en la gerencia de la iglesia. Así que, a partir de allí, todas las prioridades y la toma de decisiones, la forma en que te ves, la forma en que ejecutas ciertas tareas todo tiene que ver con tu posición. Lideras desde la posición. Y el liderazgo institucional, aunque es necesario, no puede ni debe ser el centro ni el corazón de nuestro liderazgo en el pueblo de Dios, en la comunidad de fe, en la iglesia del Señor.

Los que estamos convocados a liderar en la iglesia de Cristo, somos personas que fuimos llamadas a liderar vidas.

Hoy más que nunca, los que pastorean y los que lideran ministerios necesitan volver a las Escrituras y empezar a entenderse, antes que líderes de una organización, como líderes de vida, como aquellos que han sido llamados a liderar la vida de otros en su jornada de fe, en su camino como seguidores de Jesús. Necesitan entenderse primariamente como líderes de vida que lideran desde su persona, antes que desde su posición.

Líder de vida es todo aquel que vive su vida intencionalmente en relación con el prójimo, a favor de sus hermanos y hermanas, de tal manera que, en esa inclinación intencional hacia su vida, los influencia.

¿Cómo defino influencia? La defino como el permiso que otros me dan, de manera explícita o implícita, para depositar en ellos un conocimiento, sea a través de una palabra, una acción, una actitud. Cuando ese conocimiento impartido llega a sus vidas, a su mente, a su corazón, a su voluntad, trae un cambio de conducta. Y cambiando su conducta, cambian su condición y calidad de vida.

Lo repito. Un líder de vida es diferente a un líder institucional. Un líder institucional vive intencionalmente su vida, su rol, su tarea en la iglesia en relación con la estructura organizacional. Así que prioriza sus responsabilidades gerenciales sin importar que las personas a las que está sirviendo estén mal. Mientras que un líder de vida prioriza su inclinación, su relación con las personas a las que está sirviendo y liderando, de tal manera que, si es necesario poner sus responsabilidades gerenciales en pausa, lo hace por el bien de la persona.

Y ser un mentor es ser un líder de vida para aquellos que estás influenciando. Cuando alguien te acepta como un mentor, como un líder de vida para su vida, esa persona consciente e incluso inconscientemente te está dando el permiso de depositar en su vida un conocimiento, una verdad, que le cambie la vida.

El Señor Jesús dijo en Juan 8:32: *"conoceréis la verdad y la verdad os hará libres"*. Así que depositas un conocimiento, una conducta incluso, una actitud, una acción que se transforma en una verdad para el otro. Porque cuando te ve, dice: *"oh, esta es la forma en que se tiene que hacer; ah, esa es la actitud correcta en este momento de la vida"*.

Cuando depositas eso en la persona liderada se produce un cambio de valores y de principios, porque al ajustar sus propios valores y creencias desembocan en un cambio de conducta. Y cambiando su conducta, cambia su condición y su calidad de vida.

¿Por qué estoy explicando todo esto? Para que, mientras leemos Rut aprendiendo de Noemí, descubramos a Noemí como una mentora de vida para Rut a pesar de estar viviendo su momento más amargo.

Y a mí me parece muy importante, como seguidores de Jesús y como pastores, que nosotros aprendamos a ser líderes de vida no solamente cuando las condiciones son favorables para nosotros, cuando el viento sopla a nuestro favor o cuando todo está saliendo bien y parece que tenemos éxito en lo que hacemos y emprendemos. Sino también cuando los momentos que nos tocan enfrentar son difíciles y cuando las cosas no están saliendo bien en nuestra propia vida.

> *Debemos ser líderes de vida no solo cuando las condiciones nos son favorables, sino también cuando las cosas no están saliendo bien en nuestra propia vida.*

Como hemos estado aprendiendo de Noemí en su momento más amargo, también deberíamos aprender y entendernos todos los días como líderes de vida, como mentores de vida para aquellos y aquellas "Ruts" que están a nuestro lado a pesar de nuestros momentos más amargos.

Y lo estoy trayendo a mesa en este momento de la conversación porque estoy convencido de que si no vivimos como Noemí vivió, tampoco podemos ser mentores ni mentoras como Noemí lo fue. Y allí es donde está nuestra lección en esta lectura.

Yo me pregunto, ¿qué momentos amargos has atravesado o estás atravesando y que de pronto te han invitado a dejar de ser el ministro que el Señor te llamó a ser para otros? A veces lo permitiste, a veces pusiste en pausa tu propio ministerio en relación con los demás, pusiste en pausa tu llamado, pusiste en pausa la influencia que Dios te dio sobre otras personas, pusiste en pausa el permiso que los demás te estaban dando para depositar en sus vidas un conocimiento que podría llegar a cambiar y transformarlos y hacerlos libres.

¿Por qué? Porque creíste que si te estaba yendo mal no estabas acreditado para ser un mentor ni guiar o pastorear a otros. Por eso este capítulo tiene todo que ver con decirles a ustedes, mis colegas en el ministerio: no pongamos en pausa la influencia que Dios nos ha dado sobre otros y el permiso que otros nos han dado de depositar en ellos un conocimiento que puede cambiar su vida por causa de los momentos amargos que nos tocan vivir. Porque esos momentos amargos no son nuestro destino. Esos momentos amargos son también, así como los momentos de éxito —si podemos llamarlo de esa forma—, una oportunidad de influenciar en sus vidas y de depositar en ellos la posibilidad de encontrar redención, salvación, entendimiento; y no solo desde la teoría de lo que significa caminar con Dios, caminar como seguidores y discípulos de Jesús, sino desde la misma realidad. Es que la vida en este mundo tiene sus momentos amargos y de aflicción porque, aunque el Señor consumó su obra redentora en la cruz, todavía esta sociedad está bajo el gobierno del príncipe de las tinieblas.

Nuestros momentos amargos son también una oportunidad para influenciar vidas.

Así que vuelvo a lo que dije antes, pensemos en Noemí ahora como una líder de vida, una mentora para Rut. Ella nos deja por lo menos cuatro conductas que nosotros necesitamos poner en práctica para ser mentores de vida para otros en los momentos más amargos.

Noemí dejó que estuviera cerca de ella

*"Al ver Noemí que Rut estaba tan decidida a acompañarla, no insistió más. Entonces las dos mujeres siguieron caminando hasta llegar a Belén ... Así fue como Noemí volvió de la tierra de Moab acompañada por su nuera, Rut la moabita. Cuando llegaron a Belén, comenzaba la cosecha de cebada." **Rut 1:18-19,22 (NVI)***

Ya hemos hablado en este libro de esta verdad desde la vida

personal de Noemí, como una de sus conductas para evitar que el momento amargo la transformara en una persona amargada. Y dijimos que Noemí se dejó amar y abrazar por Rut, por Booz, por las mujeres de Belén, por los trabajadores del campo y los ancianos de Belén. Ella se dejó amar en el momento más difícil, y eso es fundamental para atravesar momentos amargos.

Pero ahora pensemos en cómo Noemí se posicionó como mentora de Rut en el momento amargo que estaba viviendo. Y eso sucedió cuando le dio el permiso a Rut de seguir en el camino con ella. Esta es la primera acción fundamental para nosotros, los que nos entendemos como ministros de Cristo para otros. Si vas a seguir siendo un líder de vida a pesar de lo que te está pasando, y de todos los momentos difíciles que estás viviendo, no alejes a tus discípulos de ti, no alejes de ti a los que estás mentoreando.

Me impresiona mucho ver a Jesús en el Getsemaní. Me impresiona ver a un Jesús quebrado, a un Jesús que estaba triste hasta la misma muerte. Pero me impresiona aún más descubrir que Jesús no ocultó ese momento a tres de sus discípulos. Y ellos son los que nos lo cuentan después; un momento que les marcó la vida y que los educó en el momento más amargo del ministerio de Jesús. Tal como se relata en Lucas 22:42, les enseñó a ellos a poder decir por el resto de sus vidas: *"Señor, si puedo evitar esta ejecución, evítala, pero que no se haga mi voluntad sino la tuya"*.

> *Si vas a seguir siendo un líder de vida, en tus momentos difíciles no alejes a tus discípulos de ti.*

Creo que nosotros empezamos a ser líderes de vida en los momentos más amargos, cuando entendemos cómo dejar que nuestros discípulos estén cerca nuestro y puedan caminar y vivir con nosotros el momento amargo que estamos atravesando. Rut estuvo con Noemí y vio de cerca su dolor, su sufrimiento. Caminó cada paso junto a Noemí de regreso a Belén. Yo no sé qué habrá pasado en ese camino de regreso de Moab a Belén. Quizás hubo silencio, tal vez en algunos momentos conversaron del sentido del fracaso que sentían. Yo no sé qué sucedió en ese viaje de regreso, pero una cosa sí sé: Noemí dejó que Rut caminara junto a ella cada paso de ese camino de regreso a Belén. Y luego dejó que Rut viviera junto a ella cada momento en Belén hasta que encontraron la redención.

Es importante entonces no alejar a tus discípulos. Tienes que dejarlos que estén cerca, que caminen este momento amargo contigo y vean en ti cómo peleas el momento amargo, de tal manera que ese momento amargo no tenga jamás el permiso de entrar a tu alma, de echar raíces y de hacerte un ministro amargado y aislado de aquellos que podrían aprender de ti y a través de ti.

Noemí permitió que Rut tenga iniciativa para ayudarle y ayudarse

"Noemí tenía por parte de su esposo un pariente que se llamaba Booz. Era un hombre rico e influyente de la familia de Elimélec. Y sucedió que Rut, la moabita, dijo a Noemí: —Permíteme ir al campo a recoger las espigas que vaya dejando alguien a quien yo le agrade. —Anda, hija mía —respondió su suegra." **Rut 2:1-2 (NVI)**

Esto me parece importante. He notado que algunos pastores y líderes, quizás hasta yo mismo me podría incluir, en algún momento de nuestra historia —momentos amargos—, mantenemos a nuestros discípulos lejos para que no observen nuestras luchas, nuestros fracasos, nuestro dolor. Pero no solo eso, además cometemos el grave error de no dejarnos ayudar por nuestros pupilos, poniendo en pausa la influencia que Dios nos da sobre ellos.

Es como si, porque somos los pastores, porque somos los líderes, porque somos los mentores, los más ancianos en el Señor, nuestros discípulos no pudieran hacer nada por nosotros. Como si solo el mentor fuera el único que puede hacer algo por el otro en una relación de mentoría. Y en consecuencia, no nos dejamos ayudar.

Todo aquel que quiere ser un mentor o líder de vida para sus discípulos, aún en sus momentos más amargos tiene que aprender a dejarse acompañar por sus discípulos. También tiene que permitir que los discípulos tengan iniciativa propia y que, con todas sus virtudes y errores, ellos puedan levantarse cada día y decirle, como Rut a Noemí: *"quédate tranquila en casa, procesa tu luto y lo que te está pasando, que yo salgo hoy a buscar comida, yo salgo hoy a buscar trabajo, yo salgo hoy a ver qué puedo traer para el sustento que necesitamos aquí en la casa".*

Noemí liberó a Rut y dejó que por iniciativa propia buscara lo que necesitaban para comer ese día. Me parece importante que la segunda conducta tenga todo que ver con dejar que el discípulo tenga iniciativa propia para ayudar a su mentor y ayudarse a sí mismo.

Eso no te degrada como mentor de vida. Lo que hace es que estás dejando que el discípulo entre a espacios donde no está arrinconado en un lugar simplemente esperando algo que pase, sino que en su camino el discípulo empieza a exponerse a lo que a mí me gusta llamar las "causalidades de Dios" en nuestros procesos de vida. Las cosas que Dios mismo causa como parte de su proceso de formación en nosotros y con aquellos que nosotros mismos estamos discipulando y mentoreando.

Pensamos que solo nosotros podemos ayudar a nuestros discípulos, cuando realmente un proceso de mentoría implica no solamente compartir el Evangelio con el otro, sino compartir la vida con el otro. Eso es lo que Pablo, Silvano y Timoteo experimentaron con los hermanos de la iglesia en Tesalónica, y por eso les escribieron: *"así nosotros, por el cariño que les tenemos, nos deleitamos en compartir con ustedes no solo el evangelio de Dios, sino también nuestra vida. ¡Tanto llegamos a quererlos!"* **(1 Tesalonicenses 2:8 NVI).**

Noemí guió a Rut para rehacer su vida

"Así que Rut se quedó junto a las criadas de Booz para recoger espigas hasta que terminó la cosecha de la cebada y del trigo. Mientras tanto, vivía con su suegra. Un día su suegra Noemí le dijo: —Hija mía, ¿no debiera yo buscarte un hogar seguro donde no te falte nada? Además, ¿acaso Booz, con cuyas criadas has estado, no es nuestro pariente? Escucha bien, él va esta noche al campo para separar el grano de la paja. Báñate, perfúmate y ponte tu mejor ropa. Baja luego al lugar donde se

*limpia el trigo, pero no dejes que él se dé cuenta de que estás allí hasta que haya terminado de comer y beber. Cuando se vaya a dormir, te fijas dónde se acuesta. Luego ve, descubre sus pies y acuéstate a su lado. Verás que él mismo te dice lo que tienes que hacer. —Haré todo lo que me has dicho —respondió Rut." **Rut 2:23; 3:1-5 (NVI)**

Noemí pudo ser mentora para Rut en el momento más amargo de su vida. No solamente permitió que Rut la acompañe caminando ese retorno amargo a Belén con ella y que tuviera iniciativa propia para ayudarla, buscando el sustento diario para las dos. Sino que, a pesar de su luto y dolor, Noemí guió a Rut para que rehiciera su vida. Y esto claramente dice que, para ser un mentor en el momento más amargo, no hay que centrarse en solo resolver las circunstancias en su propia vida o las injusticias sufridas en el ministerio. Un líder de vida busca ayudar a sus seguidores y pupilos en sus propias realidades.

Suele suceder que en tiempos de crisis algunos mentores terminan siendo muy narcisistas en su manera de discipular a otros, porque los discípulos a quienes se supone que están guiando y formando se tienen que activar para solucionarles la vida a ellos. Y convencen a sus discípulos a fin de llegar a sentirse satisfechos como líderes y pastores, alcanzando el propósito de su vida. Estos son líderes que se olvidan del bien del otro para perseguir solo su propio bien. Se olvidan de que en ese momento bajo de su vida están sus discípulos, aquellos que los escogieron para seguirlos, para ser formados en el éxito y también en entender y aprender cómo vivir a través del fracaso.

> *Un líder de vida busca ayudar a sus seguidores y pupilos en sus propias realidades.*

El desafío de todos aquellos que somos líderes de vida, mentores para otros, es entender que no estamos en los momentos amargos y difíciles solamente para resolver nuestros propios dilemas. Estamos para que aquellos a quienes ministramos y discipulamos puedan decir como Pablo: *"he aprendido a estar satisfecho en cualquier situación en que me encuentre. Sé lo que es vivir en la pobreza y lo que es vivir en la abundancia. He aprendido a vivir en todas y cada una de las circunstancias, tanto a quedar* *saciado como a pasar hambre, a tener de sobra como a sufrir escasez. Todo lo puedo en Cristo que me fortalece" **(Filipenses 4:11-13 NVI).***

¡Qué interesante es lo de Noemí!, porque en medio de todo lo que estaba pasando, de su situación sin resolverse, se levantó aquel día y le dijo a Rut: *"¿no debiera yo buscarte un hogar seguro donde no te falte nada?"*

En lugar de decir: *yo soy Noemí ¿no debiera yo buscar un hogar seguro para mí donde no me falte nada?* Y acto seguido enfocarse solo en ella y comenzar a pensar positivamente, como hoy se enseña tanto para la superación personal, diciéndose a sí misma: *Noemí, tenés que levantarte este día y resolver tu vida porque tú eres Noemí. Porque hoy no se trata de las cosas sin resolver de los discípulos, sino de que todavía tenés que lograr tu propósito como cristiana, como ministra, como líder. Así que tenés que pelear contra esas injusticias que te hicieron en el ministerio y en la vida y salir adelante.*

Pero no, Noemí nunca tuvo esa actitud. A diferencia de muchos cristianos y ministros hoy que se empeñan tratando de resolver las injusticias que les ocurrieron en sus propias vidas y el ministerio, olvidándose de mirar a su lado y descubrir que allí están todavía aquellos que han decidido quedarse junto a ellos y que están buscando siempre cómo ayudar. Esos a quienes ellos mismos llaman discípulos y pupilos de vida.

Y otra vez la actitud de Noemí me fascina y vuelve a confrontarme. Porque si voy a ser mentor para otros en los momentos más bajos, más difíciles de mi vida, tengo que aprender a guiar a mis discípulos a rehacer su vida. Tengo que aprender a levantarme y enseñarles a ellos cómo levantarse. Tengo que aprender cómo seguir siendo alguien que puede dar respuestas a sus vidas de parte de Dios, aunque muchas veces yo no tenga respuestas para mi situación. Y, dirigiéndome a mis discípulos, decirles como Noemí: *¿no debiera yo buscarles a ustedes que están contigo, que me amaron y me están acompañando a pesar de todo lo que me está pasando, ustedes que toman la iniciativa todo el tiempo de ayudarme a mí cuando yo soy el mentor, no debiera yo levantarme hoy, con toda la influencia que tengo, con toda la madurez que tengo, con todo lo que he aprendido en el camino de parte de Dios, y buscarles un hogar seguro y ayudarles a resolver sus situaciones?*

Noemí le enseñó a Rut la paciencia

*"Cuando Rut llegó adonde estaba su suegra, esta preguntó:
—¿Cómo te fue, hija mía? Rut le contó todo lo que aquel hombre había hecho por ella y añadió: —Me dio estas seis medidas de cebada y me dijo: 'No debes volver a tu suegra con las manos vacías'. Entonces Noemí dijo: —Espérate, hija mía, a ver qué sucede, porque este hombre no va a descansar hasta dejar resuelto este asunto hoy mismo."* **Rut 3:16-18 (NVI)**

¡Qué difícil es esperar cuando has hecho todo lo que tenías que hacer y ahora ya no depende de ti sino de lo que otros hagan o decidan!

Pero Noemí, como mentora de Rut, aun en el momento de mayor incertidumbre de su propia vida, le enseñó a su nuera una de las lecciones más importantes: la paciencia. Y convengamos que se necesita mucha paciencia en el proceso de rehacer la vida cuando lo que estás esperando que pase ya no depende de lo que tú puedes hacer.

Rut hizo exactamente lo que le dijo Noemí, y cuando regresó le contó a su suegra que sucedió tal cual ella había dicho que pasaría. Fue entonces que Noemí le aconsejó: *bueno hija, querida, ahora hay que tener paciencia, ahora cálmate, no hagas nada más, quédate tranquila, que vamos a esperar a que este hombre haga lo que tiene que hacer, porque lo que ha propuesto en su corazón lo hará.* Y le enseñó a Rut la lección más importante que un mentor le puede enseñar a sus pupilos, que un discipulador le puede enseñar a sus discípulos, que un ministro le puede enseñar a la grey, que un líder de vida le puede enseñar a aquellos que está influenciando: paciencia.

Quizá las siguientes horas transcurridas en el capítulo 4 del verso 1 al 12 fueron las más difíciles para Rut, porque solo podía esperar. Lo único que tenía que hacer era estar quieta, y eso no era algo fácil para ella. La historia muestra a una Rut proactiva, con mucha iniciativa propia, decidida al punto tal que

> *Noemí le enseñó a Rut la lección más importante que un mentor le puede enseñar a sus pupilos: paciencia.*

cuando Noemí le dijo lo que tenía que hacer no dudó un segundo y lo hizo. Pero ahora, la instrucción era: *"Espérate, hija mía, a ver qué sucede"*.

Hay momentos en la vida y en el ministerio en los que hay que hacer. Y hay momentos en la vida y en el ministerio en los que hay que quedarse quieto y esperar. La vida en el ministerio no es solo actividad, sino que tiene pausas. Esas pausas en el ministerio no significan que dejaste de servir al Señor, no significan que ya no caminas todos los días en adoración y en servicio pues cada día te levantas para adorar y servir a Dios, porque esa es tu naturaleza en Cristo.

Pero hay que entender que hay momentos en el camino en que tienes que hacer pausas. Sigues siendo un hijo de Dios ese día y sigues siendo la expresión del Cristo diácono, del Cristo siervo para otros, pero a veces no estás pastoreando. Y eso es pausa. A veces no estás liderando. Y eso es pausa. Hay momentos en la vida en que no puedes hacer todo lo que quieres hacer y tienes que quedarte quieto. Entonces es momento de tener paciencia, de esperar que Dios haga lo que solo Dios puede hacer. Tienes que tener la paciencia de esperar que lo que se sembró pueda nacer y dar fruto. Tienes que tener la paciencia de esperar al momento en que las cosas van a ocurrir, dentro de los tiempos y de los espacios que Dios permita.

Noemí la mentora, Rut la pupila

Quizás alguien podría decir: *bueno, pero Noemí no era mentora*. ¿Cómo que no era mentora? O sea, los mentores y los pupilos no tienen una relación de mentoría porque se pusieron títulos, se trata de una relación de vida. No hay otra manera de llamar a una relación así, en la que Noemí le dijo a Rut que no fuera con ella y su nuera le respondió lo siguiente: *"¿a dónde me voy a ir? A donde vayas, yo voy. Tu Dios va a ser mi Dios, tu familia va a ser mi familia, tu pueblo va a ser mi pueblo, donde tu vivas yo quiero vivir y donde tú te mueras yo quiero morir. Y a donde te entierren o quiero ser enterrada"*. Díganme ustedes si eso no es una relación en la que una muchacha moabita quedó impactada, impresionada por una mujer hebrea que la conoció en sus mejores momentos como familia y que ahora la conoce en sus momentos más amargos, y aun así ella puede decir: *mi vida está solo a tu lado; esa es mi única opción de vida; no hay plan B.*

Es como aquel momento de Jesús en el que daba a sus discípulos, que eran muchos, una de esas enseñanzas difíciles de digerir, y sucedió que *"muchos de sus discípulos volvieron atrás, y ya no andaban con él"* **(Juan 6:66 RVR1960).** Y entonces el Señor se dirigió a los doce y les preguntó si también se querían ir, pero ellos le respondieron por medio de Pedro: *"Señor, ¿a quién iremos? Tú tienes palabras de vida eterna. Y nosotros hemos creído y conocemos que tú eres el Cristo, el Hijo del Dios viviente"* **(Juan 6:7-8 RVR1960).**

Como la relación de Jesús con sus discípulos, la de Noemí y Rut fue una relación de mentoría que nos habla de que las relaciones que se desarrollan entre mentores y pupilos, entre pastores y miembros, entre líderes de vida y su prójimo, entre maestros y discípulos, deben trascender los títulos y las estructuras de nuestras organizaciones y de nuestras iglesias. Debemos volver a la esencia: que nuestras relaciones formadoras se den entre una persona que se transformó en dador de vida para otra — como líder de vida, como mentor— y alguien que reconoce en esa persona una dimensión de vida que desea vivir.

En esa dimensión, Noemí fue mentora y Rut pupila. Al final ambas compartieron la misma dimensión de redención. Rut tuvo un hijo, pero Noemí *"tomó al niño, lo puso en su regazo y se encargó de criarlo".* Y las mujeres y vecinas decían a Noemí, *"¡Alabado sea el SEÑOR, que no te ha dejado hoy sin un redentor! ¡Que llegue a tener renombre en Israel! Este niño renovará tu vida y te sustentará en la vejez, porque lo ha dado a luz tu nuera, que te ama y es para ti mejor que siete hijos ... ¡Noemí ha tenido un hijo!"* **(Rut 4:13-17 NVI).**

Estas cuatro conductas mentoras en tiempos cuando, como pastores y mentores, la estamos pasando mal, convulsionan mis pensamientos. Muchas veces los que lideramos y los que pastoreamos tendemos a hacer lo opuesto a lo que hizo Noemí, como si nosotros fuésemos súperhombres o súpermujeres. Nos olvidamos de que todos los días nos levantamos y somos simplemente humanos con todos nuestros defectos, con todas nuestras debilidades y limitaciones, en proceso de formación en las manos del alfarero y bajo la guía del Espíritu Santo.

Humanos que seguimos pasando momentos amargos y que seguimos enfrentando luchas, pero en esos momentos difíciles nuestra diferencia con el otro es que aún nuestros momentos amargos siguen siendo espacios donde el Señor sigue formándonos y sigue formando a aquellos que han decidido seguirnos y que estamos sirviendo como ministros del Señor Jesucristo.

Nuestros momentos amargos siguen siendo espacios donde el Señor sigue formándonos a nosotros y sigue formando a aquellos que han decidido seguirnos.

Si nos vemos como líderes de vida para otros, en relaciones que trascienden propósitos temporales e influyen en dimensiones eternas a través de nuestra vida en la vida del otro, entendemos que ellos puedan encontrar en Cristo —porque esa es nuestra verdadera razón de ser líderes de vida— no una mejor vida en nosotros, sino su mejor vida en el único lugar donde puede encontrarse: en Cristo.

Pero para vivir de esa forma, para ser líderes de vida para otros, para ser mentores en la vida de otros, también tenemos que aprender a hacerlo en los momentos más difíciles de nuestra propia vida, en los momentos más amargos. No podemos pretender ser ministros, líderes de vida o mentores para otros solo cuando nos sentimos en nuestro mejor momento, cuando estamos satisfechos, cuando sentimos que las cosas nos están saliendo bien. Tenemos que aprender a ser líderes de vida y mentores para otros aun en los momentos más amargos.

Por eso cierro este capítulo compartiendo las cinco lecciones con las cuales el Espíritu Santo me marcó mientras reflexionaba en la relación mentora entre Noemí y Rut, en un tiempo tan amargo como el que estaba atravesando:

1. El dolor de la pérdida es siempre contenido en los mentores por la compañía de un discípulo que tiene un amor leal por ti.

2. La iniciativa propia del discípulo en el momento más bajo de la vida del mentor siempre es recompensada con la causalidad de Dios.

3. Las causalidades de Dios en los tiempos de dolor son oportunidades divinas que deben ser aprovechadas por el mentor con astucia táctica.

4. La ejecución del plan que resultó de esa astucia táctica para aprovechar esa oportunidad divina debe ser acompañada por la mansedumbre paciente que sabe esperar a que el Redentor haga lo que solo él puede hacer.

5. El momento más amargo, la amargura más dolorosa no puede evitar que seas un mentor en la obra redentora de Dios. Si aprendes cómo mentorear a pesar de tu amargura, Dios siempre va a encontrar la manera de redimirte y que seas instrumento de redención, cambiando tu llanto en canción, tu luto en danza y tus lágrimas de desesperanza en lágrimas de gozo.

Oremos juntos según Isaías 50:4-5

Tú, EL SEÑOR omnipotente
me has concedido
tener una lengua instruida,
para sostener con mi palabra al fatigado.

Cada mañana me despiertas,
me despiertas el oído
para que escuche como los discípulos.

Tú, El SEÑOR omnipotente
me ha abierto los oídos,
y no he sido rebelde
ni me he vuelto atrás.

Por eso, SEÑOR,
dame oídos de discípulo
y lengua de mentor.

Aun en mis días amargos,
cuando mi alma se siente cansada,
despiértame para seguir escuchando tu voz

y sostener con mis palabras
a quienes me has confiado.

Enséñame, como a Noemí,
a no cerrar mi corazón ni mi casa;
a dejar que otros caminen conmigo
cuando me cuesta avanzar.

Ayúdame a no poner en pausa mi llamado
cuando me siento herido,
sino a seguir influenciando
con gracia, humildad y verdad.

Hazme un líder de vida,
capaz de mentorear
aun desde mis propias heridas,
sabiendo que tú puedes transformar
mi llanto en enseñanza,
mi luto en consuelo,
y mi amargura en un río de redención.

En el nombre de Jesús,

¡AMÉN!

Lectura 9

Recibiendo lo nuevo de Dios después del momento amargo

Hemos llegado al final de nuestro tiempo juntos reflexionando sobre la historia de Noemí, como un testimonio poderoso de la gracia redentora de Dios. Una historia que nos enseña que, independientemente de las decisiones que tomemos o de las circunstancias que enfrentemos, Dios siempre está obrando para nuestro bien y para su gloria. Nos anima a no permitir que los momentos amargos se conviertan en amargura permanente, sino a confiar en el plan redentor de Dios. Y debe recordarnos que, aunque pasemos por momentos de amargura, no estamos destinados a vivir en ella. La gracia de Dios nos alcanza en nuestros momentos más oscuros y nos ofrece redención y esperanza.

> *Dios, en su infinita misericordia, no deja que nuestras circunstancias definan nuestro destino.*

Dios, en su infinita misericordia, no deja que nuestras circunstancias definan nuestro destino. A través de la historia de Noemí, vemos cómo Dios puede transformar nuestras vidas, incluso cuando nos encontramos en el abismo de la desesperación. Noemí perdió a su esposo y a sus hijos, pero Dios le devolvió una familia y una esperanza renovada.

Entonces, ¿cómo recibo lo nuevo de Dios cuando comienza a manifestarse en mi vida?

En la narrativa de Rut 4:13-22 (NVI), vemos el hermoso cuadro de redención y renovación:

"Así que Booz tomó a Rut y se casó con ella. Cuando se unieron, el SEÑOR le concedió quedar embarazada, de modo que tuvo un hijo. Las mujeres decían a Noemí: «¡Alabado sea el SEÑOR, que no te ha dejado hoy sin un redentor! ¡Que llegue a tener renombre en Israel! Este niño renovará tu vida y te sustentará en la vejez, porque lo ha dado a luz tu nuera, que te ama y es para ti mejor que siete hijos». Noemí tomó al niño, lo puso en su regazo y se encargó de criarlo. Las vecinas decían: «¡Noemí ha tenido un hijo!». Y lo llamaron Obed. Este fue el padre de Isaí, padre de David. Así que este es el linaje de Fares: Fares fue el padre de Jezrón; Jezrón, el padre de Ram; Ram, el padre de Aminadab; Aminadab, el padre de Naasón; Naasón, el padre de Salmón; Salmón, el padre de Booz; Booz, el padre de Obed; Obed, el padre de Isaí; e Isaí, el padre de David."

Este pasaje no solo narra el nacimiento del hijo de Booz y Rut, sino que también muestra a Noemí en un contexto donde la alabanza a Dios y lo profético da valor y sentido a las acciones propias de Noemí, quien abrazó lo nuevo que Dios le había dado después de su amargura.

Dios cambia nuestro lamento en alabanza

"Las mujeres decían a Noemí: «¡Alabado sea el SEÑOR, que no te ha dejado hoy sin un redentor!"

Lo nuevo de Dios trae una renovación en nuestra alabanza. Y debemos dejar que ese niño en nuestras vidas, que es lo nuevo de Dios, traiga un cántico nuevo a nuestra boca, una danza nueva a nuestro cuerpo y un gozo nuevo a nuestra alma, que inevitablemente se manifiesta a nuestra comunidad.

Abraza lo nuevo de Dios celebrando que el Señor Jesucristo ha venido a darte *"una corona en vez de cenizas, aceite de alegría en vez de luto, traje de alabanza en vez de espíritu de desaliento" (Isaías 61:3 NVI). Y canta como David: "Puse en el SEÑOR toda mi esperanza; él se inclinó hacia mí y escuchó mi clamor. Me sacó de la fosa fatal, del lodo y del pantano; puso mis pies sobre una roca, y me plantó en terreno firme. Puso en mis labios un cántico nuevo, un himno de alabanza a nuestro Dios. Al ver esto, muchos tuvieron miedo y pusieron su confianza en el SEÑOR" (Salmo 40:1-3 NVI).*

Lo profético de Dios toma el lugar de nuestros sueños personales

"Las mujeres decían a Noemí:... ¡Que llegue a tener renombre en Israel! Este niño renovará tu vida y te sustentará en la vejez, porque lo ha dado a luz tu nuera, que te ama y es para ti mejor que siete hijos» ... Y lo llamaron Obed. Este fue el padre de Isaí, padre de David. Así que este es el linaje de Fares: Fares fue el padre de Jezrón; Jezrón, el padre de Ram; Ram, el padre de Aminadab; Aminadab, el padre de Naasón; Naasón, el padre de Salmón; Salmón, el padre de Booz; Booz, el padre de Obed; Obed, el padre de Isaí; e Isaí, el padre de David."

> *Lo nuevo de Dios siempre direcciona nuestras vidas en su futuro profético antes que en nuestro futuro deseado.*

Lo nuevo de Dios siempre direcciona nuestras vidas en su futuro profético antes que en nuestro futuro deseado. Noemí y su familia se fueron a Moab buscando el sueño de una vida mejor, pero Dios tenía un destino profético para Noemí y su familia.

Celebra lo nuevo de Dios recibiendo las profecías que se han hecho sobre tu vida, tu familia y tu ministerio. *"No apaguen el Espíritu, no desprecien las profecías" (1 Tesalonicenses 5:19-20 NVI). "Ten en cuenta las profecías que se hicieron acerca de ti y apóyate en ellas para que pelees la buena batalla" (1 Timoteo 1:18 NVI).*

Acciona en ese ambiente de alabanza y profecía para aferrarte a lo nuevo de Dios

"Noemí tomó al niño, lo puso en su regazo y se encargó de criarlo." **(Rut 4:16 NVI)**

Encuentro tres acciones significativas de Noemí para aferrarse a lo nuevo de Dios: tomar el niño, ponerlo en su regazo y encargarse de criarlo. Cada una de estas acciones tiene un profundo significado espiritual, y nos enseña cómo debemos recibir y abrazar lo nuevo de Dios después de los momentos amargos. Además, las profecías sobre el niño resaltan la importancia de estas acciones.

Toma el niño

En la cultura hebrea, el acto de tomar al niño simboliza aceptación y reconocimiento. Noemí, al tomar al niño, reconoció la continuidad de su linaje y la bendición que este niño representa. Ella aceptó que Dios transformó su amargura en gozo.

Tomar el niño representa nuestra disposición a aceptar lo profético y las nuevas bendiciones y oportunidades que Dios nos da. Después de pasar por momentos difíciles, debemos estar dispuestos a abrir nuestras manos y corazones para recibir lo que Dios ha preparado para nosotros.

> *Al aceptar lo profético y las nuevas bendiciones de Dios, también participamos en su plan mayor y eterno.*

El niño, Obed, es mencionado como el abuelo de David (Rut 4:22), lo que lo coloca en la línea genealógica del Mesías, Jesucristo. Al tomar el niño, Noemí también está tomando parte en el plan redentor de Dios para la humanidad. Así, al aceptar lo profético y las nuevas bendiciones de Dios, también participamos en su proyecto redentor y eterno.

Ponlo en tu regazo

Poner al niño en el regazo simboliza cariño y protección. En las culturas antiguas, el regazo era un lugar de intimidad y cuidado. Noemí, al poner al niño en su regazo, mostró su amor y compromiso con él.

Poner al niño en el regazo nos enseña a cuidar y proteger lo profético y las nuevas bendiciones de Dios. No basta con recibir algo nuevo; debemos nutrirlo, protegerlo y desarrollarlo. Esta acción nos recuerda que las bendiciones y profecías de Dios requieren de nuestra atención y dedicación.

Por eso este acto de poner al niño en su regazo también puede ser visto como un acto de dedicación. El niño Obed jugó un papel crucial en la línea de David y, eventualmente, en la venida de Cristo. Así, debemos dedicar las nuevas bendiciones a Dios y aferrarnos a las profecías hechas sobre nuestras vidas y ministerios, reconociendo que ellas son parte de su plan divino.

Encárgate de criarlo

Ser la nodriza del niño implica un compromiso a largo plazo. Noemí se convirtió en la cuidadora principal del niño, asegurándose de que crezca y se desarrolle adecuadamente.

Ser la nodriza de las profecías y las bendiciones de Dios significa que debemos ser responsables y comprometernos con lo que él nos ha dado. Esto requiere tiempo, esfuerzo y perseverancia. Noemí, al ser nodriza, mostró disposición a invertir en el futuro, a cuidar y guiar lo nuevo que Dios ha puesto en su vida.

Ser nodriza del niño Obed, quien es parte de la genealogía de Cristo, muestra cómo nuestras acciones tienen implicaciones eternas. Al cuidar de las bendiciones proféticas de Dios, estamos contribuyendo a su plan redentor y eterno. Debemos ser fieles en nuestra tarea, sabiendo que nuestras acciones pueden tener un impacto que va más allá de lo que podemos ver.

Recibir y abrazar lo nuevo de Dios después de la adversidad

Finalmente, Noemí nos enseña que los momentos amargos no desaparecen por el simple paso del tiempo ni se cierran porque neguemos el dolor que los acompaña. Se transforman cuando, en medio de la pérdida, abrimos espacio para la acción redentora de Dios.

Nos muestra que abrazar lo nuevo de Dios no significa olvidar lo vivido, sino permitir que él vuelva a escribir nuestra historia desde la esperanza. Cuando lo nuevo de Dios es recibido, el lamento no tiene la última palabra, y el dolor, por amargo que sea, no define nuestro destino.

Nos enseña que los momentos amargos no se cierran negando el dolor, sino permitiendo que Dios obre en medio de él. Abrazar lo nuevo de Dios es un acto de fe: confiar en que puede traer vida allí donde hubo pérdida y esperanza donde hubo desesperanza. Así, el lamento se transforma y la amargura deja de marcar el rumbo de nuestra historia.

Noemí, a través de sus acciones en Rut 4:16, nos muestra cómo recibir y abrazar lo nuevo de Dios después de la adversidad. Al tomar al niño, ponerlo en su regazo y dedicarse a criarlo, ella nos enseña a aceptar, proteger y nutrir las bendiciones y lo nuevo de la gracia redentora de Dios en nuestras vidas.

Noemí nos enseña a aceptar, proteger y nutrir las bendiciones y lo nuevo de la gracia redentora de Dios en nuestras vidas.

Estas acciones también tienen un profundo significado profético, conectándonos con el plan redentor de Dios a través de Cristo. Así, la historia de Noemí concluye con un mensaje de esperanza y renovación. Dios, en su gracia, nos ofrece nuevas oportunidades y bendiciones, incluso después de los momentos más oscuros. Nuestra tarea es recibirlas con gratitud, cuidarlas con amor y dedicarlas a su propósito divino. Al hacer esto, encontramos la verdadera redención y el cumplimiento del plan de Dios para nuestras vidas.

El hijo de Rut era el hijo de Noemí porque *"Las vecinas decían: «¡Noemí ha tenido un hijo!»"*. El hijo de Rut era lo nuevo de Dios para Noemí. Así que ella *"tomó al niño, lo puso en su regazo y se encargó de criarlo"*.

Es mi oración que tú hagas lo mismo con lo nuevo de Dios en tu vida y que la historia de Noemí siga inspirando la tuya y te fortalezca en los momentos difíciles. Que te ayude a confiar en la gracia redentora de Dios y a vivir con esperanza.

Oremos juntos conforme a Lucas 1:46-49

¡Te doy gracias, Dios
con todo mi corazón,
y estoy alegre
porque eres es mi Salvador!

Tú tienes especial cuidado de mí,
que soy tu humilde esclavo.
Desde ahora todos me dirán
¡Dios me ha bendecido!

El Dios todopoderoso ha hecho
grandes cosas conmigo.

¡Su nombre es santo!
¡AMÉN!

www.ingramcontent.com/pod-product-compliance
Lightning Source LLC
LaVergne TN
LVHW091225080426
835509LV00009B/1180